农民行为动机变动、农村生产方式改变和农产品供给格局变化，无一不对农产品质量安全形成巨大的冲击，完善中国农产品质量安全保障体系应当充分考虑中国农村改革与农业发展转型的现实背景；城乡收入差距扩大、农业劳动力减少、农业土地投入减少、农产品价格波动是影响农产品质量安全的重要因素。

【经济学学术前沿书系】

中国农产品质量安全保障体系研究

基于中国农村改革与农业发展转型的现实背景

付陈梅　李　敬◎著

经济日报出版社

目 录

摘　要

本研究在分析中国农产品质量安全基本形势的基础上，建立了中国农产品质量安全的简易度量方法，刻画中国各地区农产品质量安全的基本情况。在此基础上，立足中国农村改革与农业发展转型的现实背景，构建农村改革与农业发展转型背景下中国农产品质量安全影响因素的博弈理论模型，并对模型进行实证分析。然后基于对比视角，对中国农产品质量安全体系的建设现状和国外农产品质量安全保障体系建设的经验进行研究。最后，建立非对称信息博弈视角下中国农产品质量安全体系运行模型，揭示中国农产品质量安全体系运行的内在机制和存在问题，提出中国农产品质量安全体系的优化策略。

第一节　研究结论

（1）农药和化肥施用的增加趋势明显，中国农产品质量安全水平不容乐观，但地区差异较大。1997 年，中国平均每亩农田施用农药 0.49 公斤，2011 年达到每亩 0.82 公斤，年均增长 4%。2012 年，中国农药年产约 170 万吨，按 18 亿亩农田计算，平均每亩施用农药近 1 公斤。同时，大量使用化肥，1997 年，中国平均每亩农田施用化肥 16.47 公斤，2011 年达到每亩 24.17 公斤，年均增长 3%。目前中国农用化肥单位面积平均施用量是国际安全上限的 1.6 倍，相当于美国的 3 倍。基于单位面积施用农药和化肥的因子分析发现，1997—2011 年因子综合得分均值处于上升状态，单位面积施用农药和化肥的水平不断增加，1997 年，综合得分为 -0.36，2011 年达到 0.37。综合得分最大值在 1997 年为 0.82，而在 2011 年，达到 3.31，增长了 3 倍。从综合得分的标准差来看，表明各地区农产品安全状况差异在不断扩大，1997 年标准差为 0.55，2011 年达到 0.91，增加了 65.45%。从 1997—2011 年综合得分的均值来看，福建、海南和广东的排名居前三位，其综合得分分别为 1.39、1.38、1.01，说明这三个地区农产品安全总体形势最不容乐观；处于最后三位的是西藏、青海和贵州，综合得分分别为 -0.95、-0.96、-0.99，说明这三个地区农产品安全总体形势较好。当前的经济增长模式对农产品安全影响较大。

（2）从中国农村改革和农业发展转型的角度来看，影响农产品质量安全的主要因素有城乡收入差距扩大、农业劳动力减少、农业土地投入减少、农产品价格波动。1978 年以来的农村改革和农业发展转型，没有从根本上解决农村和农业的协调可持续发展问题，甚至在一定程度上加重了农业用地的短缺、农村劳动力的流失、生态环境的恶化、城乡差距的扩大。从中国农村改革和农业发展转型的角度来看，加重农产品质量安全问题的主要因素有：城乡收入差距扩大、农业劳动力减少、农业土地投入减少、农产品价格上涨。空间 Durbin 模型显示，农业从业人员的比例的回归系数为 -0.6577，在 5% 的显著水平上通过检验，说明农业从业人员的比例越高，过度施用农药和化肥的可能越小，农产品质量安全水平越高，同时说明农业劳动力的过度流失对农产品质量安全是不利的。农产品价格指数 *WJ* 的回归系数为 0.0230，在 1% 的显著水平上通过检验，说明农产品价格越高，农业生产者的趋利动机得到放大，过度施用农药和化肥的可能性越大，农产品质量安全水平越低。城乡收入差距的回归系数为 0.1754，在 1% 的显著水平上通过检验，说明城乡收入差距越大，在农村的农业生产者的相对收入越低，则其“铤而走险”的可能性就越大，农产品质量安全水平越低。人均播种面积的回归系数为 -0.1869，在 1% 的显著水平上通过检验，说明在农业生产中土地相对宽裕、投入量越多，过度施用农药和化肥的可能性越小，农产品质量安全水平越高。

（3）各地区农产品质量安全具有明显的空间效应。研究发现反映西部地区空间影响的空间自回归系数为0.3161，在1%的水平上通过显著性检验，说明西部地区各省市区之间农产品质量安全水平具有空间上的负外部性。而反映东部及中部地区的自回归系数为0.3185，在1%的水平上通过显著性检验，说明东部地区各省市区之间农产品质量安全水平同样具有空间上的负外部性。而且这种负外部性中东部地区略高于西部地区，说明经济发展水平越高，各省市区之间空间负外部性作用更强。呈现这一现象的可能原因是，各地区适用于农业生产的生态环境和地理环境的破坏具有邻近空间上的关联性和负外部性。例如，一个地区如果农药用量多，可能将农作物的病虫“驱赶”到相邻的地区，相邻地区也不得不施用更多的农药。同时，相邻地区的农业生产者在生产手段和方法更容易相关模仿，一个地区坏的榜样很容易被相邻地区“跟风”。农业从业人员、农产品价格、城乡收入差距、农村土地投入对相邻地区农产品质量安全均有一定程度的影响。

（4）中国农产品质量安全体系建设有序推进，取得明显成效。中国农产品生产和供给体系的建设方面，优化了农业生产的环境，加强农产品的产地管理，建立了农产品产地的质量安全控制体系；规范农业生产流程，加强农业生产技术与投入品管理，建立了农产品生产的质量安全管控体系；健全农产品标识制度，加强农产品包装和标识管理，建立了农产品标识质量安全控制体系。在农产品质量标准和认证体系建设方面，建立了农产品质量标准和认证的制定机制，建立了多层次的农产品质量安全标准体系，以“三品一标”为推动，建立了农产品质量认证体系。在农产品质量检测与监督体系建设方面，建立了农产品质量安全监测制度，建立了农产品质量安全监测机构体系，建立了农产品质量安全的社会监督体系，建立了农产品质量安全监督与处置相结合的有效机制，建立了部、省、县相互配套的农产品质量安全检验检测体系。在农产品质量安全风险评估与预警体系建设方面，组建了农产品质量安全风险评估专家委员会，组建了以风险评估实验室为主体的多层级的农产品质量安全风险评估网络。中国农产品质量安全体系建设总体上起步晚，目前正在有序展开，建设进度较快。

（5）中国农产品质量安全保障体系还存在不容忽视的问题。在中国农产品生产与供给体系方面，依然是小农生产格局为主，生产信息无法回溯或回溯成本太高；农业资源短缺，农业生产环境破坏严重，农产品不安全因素较多；农药和化肥的源头控制存在问题，目前我国尚未建立有效控制农药和化肥施用量的强制性源头防控机制。在农产品质量标准与认证体系方面，农产品认证的权威性不够，人们对其认可度不高，农产品标准体系不健全，对生产行业和消费者的指导性和引导性较差，农药残留标准数量不足，更新速度慢。在农产品质量检测与监督体系方面，检验检测体系设置不健全，运行效率低；监管机构设置不科学，尤其是基层监督机构设置存在激励不相容问题；管理制度存在缺陷，制度执行效率较低。在农产品质量安全评估与预警体系方面，农产品质量安全评估与预警平台功能不完善，农产品质量安全评估与预警技术比较落后，一些重要的风险评估技术没有实现突破，还没有建立起能够有效支撑农产品质量安全评估与预警技术的数据库，一些农产品风险评估工具模型大多从国外借来，缺少适用性；农产品质量风险评估和预警信息披露不健全，目前还没有有效运行的农产品质量风险评估和预警信息披露的机制和平台。

（6）改善农产品质量安全信息的对称性是保障中国农产品质量安全体系有效运行的重要途径。本研究通过建立非对称信息下的博弈理论模型，揭示了中国农产品质量安全体系有效运行的内在机制。由于信息的不对称，生产者对于质量安全的努力水平严重小于对称信息下的水平。当前，消费者对生产者的质量安全努力完全不可知，农产品质量安全必然有所下降。提高农产品质量安全的关键之举在于如何让消费者更多地知晓和判断农产品质量。由于信息不对称，消费者会产生额外的风险成本，即净福利损失，同时还会产生期望产出的净损失。虽然消费者对生产者的质量安全努力不直接可知，但如果可以观测到与农产品质量安全相关联的其他信息，这些信息可以作为农产品质量安全的外显信号即“信号因子”。在有“信号因子”的情况下，生产者对于质量安全的努力水平会更高。因此，“信号因子”的引入，可以提高农产品质量安全水平。通过建立有效的农产品质量标准与认证体系，具有无公害农产品、绿色食品和有机食品标志的农产品或具有地理标志的农产品，本身会发出质量安全的相关“信号”，因此会提高农产品质量安全的作用。农产品质量检测与监督体系的有效运行，将相关的质量检验结果和监督信息公诸于众，农产品质量风险评估与预警体系的有效运行为消费者提供质量风险评估与预警信息，都会起到引入“信号因子”的作用。

（7）即使消费者对农产品质量安全的信息的了解是完全对称的，农产品质量安全依然有改进的空间，生产者在质量安全上的努力与生产规模成正比，与成本系数成反比。在农产品质量信息是完全对称的情况下，消费者支付给生产的报酬等于保留收入和基于质量安全的努力成本，实现了“一份付出得到一份收获”。但农产品质量安全依然有改进的空间。一方面在质量安全信息是对称的情况下，生产者在质量安全上的努力与生产规模成正比，小规模生产者在质量安全上的努力不如大规模生产者。对于大规模生产者而言，注重质量安全获得的收益更高，或者说不重视质量安全损失更大，因此大规模生产者具有更加重视质量安全的动机。另一方面生产者的质量安全努力与农产品质量安全成本系数成反比。生产者控制质量安全的成本越低，则其控制质量安全的动机越强。控制质量安全的成本受多方面的影响。一是外部环境因素，如土壤质量下降、环境恶化、前期的农药和化肥的过度施用，都会增加生产者控制质量安全的成本。二是生产者自身的能力水平。如优质的农村劳动力外流至城市，农村劳动力素质下降必然会影响农业生产者的控制质量安全的成本。三是生产者质量控制的技术水平。因此从以上几个方面进行农产品生产与供给体系的优化，对提高农产品质量水平具有重要意义。

第二节　主要创新

（1）基于单位面积施用农药量和化肥量，运用因子分析方法，建立了中国各地区农产品质量安全的简易度量方法，并运用数量方法揭示了中国各地区农产品质量安全的基本状况。

（2）研究了中国农村改革与农业发展转型对中国农产品质量安全的冲击，构建农村改革与农业发展转型背景下中国农产品质量安全影响因素的博弈理论模型，并基于空间 Durbin 模型对中国农产品质量安全影响因素进行了实证分析。

（3）建立了非对称信息博弈视角下中国农产品质量安全体系运行模型，并对对称信息模型、信息不对称模型和带有信号因子的信息不对称模型进行了分析，揭示了中国农产品质量安全体系运行的内在机制。

第三节　重要观点

（1）农民行为动机变动、农村生产方式改变和农产品供给格局变化，无一不对农产品质量安全形成巨大的冲击，完善中国农产品质量安全保障体系应当充分考虑中国农村改革与农业发展转型的现实背景；城乡收入差距扩大、农业劳动力减少、农业土地投入减少、农产品价格波动是影响农产品质量安全的重要因素。

（2）农药和化肥是影响农产品质量安全的“罪魁祸首”，必须建立农药和化肥施用的源头控制制度。要从宏观层面、依据农作物播种面积、农产品预期产量合理确定全国农药和化肥的生产量和销售量，要引导绿色生产，逐步降低全国单位面积农药和化肥施用量。

（3）改善农产品质量安全信息的对称性是保障中国农产品质量安

全的重要途径。但即使消费者对农产品质量安全的信息的了解是完全对称的，农产品质量安全依然有改进的空间，因为生产者在质量安全上的努力与生产规模成正比，与成本系数成反比。

第四节 政策建议

一、农产品生产与供给体系建设方面

1. 多渠道进行农产品供给制度创新

一是要因地制宜适度提高农业规模化经营水平，解决土地流转的各种障碍因素，适度推进家庭农场的发展，鼓励和支持小农户采用“企业+农户”、“协会+农户”、“中介+农户”等集中管理生产和销售的农业生产组织模式，提高农业生产的组织化程度。对生产组织按规模进行风险评级，建立有弹性的农产品可追溯体系。二是建立仓储收购与订单供给制度。建立专业的仓储机构，建立专业的农产品质量安全的鉴定机制，对于部分农产品进行收购，在确保质量的条件下，对农产品需求者进行订单式的供应。三是建立农产品的直供制度。建立城市小区、社区、大型企业事业及国有单位与农村村社的直接对接机制，鼓励城市小区、社区、大型企业事业及国有单位直接到农村建立相应的供应基地，减少中介环节，实行农产品的直供制度，建立消费者对农产品生产者的直接指导和监督机制。

2. 建立农药和化肥施用的源头控制制度

一是要建立大宗农作物农药和化肥施用的强制性技术规范，对施用时间、次数、数量作出强制性规定；二是要从全国层面、依据当年农作物播种面积、农产品预期产量合理确定全国农药和化肥的生产量和销售量，要引导绿色生产，逐步降低全国单位面积农药和化肥施用量；三是要对单位面积农药和化肥施用量高的地区加强农产品质量安全监督；四是要制定《农药法》，并成立专门的农药授权机构，推行农药授权使用

制度；五是规范大型农场、大型农业生产基地的农药使用。大型农场、大型农业生产基地使用农药要聘请专业的农药服务公司执行作业；使用毒性较高农药时，必须事先通知基层农业主管部门并进行备案，在农药使用过程中，基层农业主管部门应当派专人到现场监督并指导农药使用。

3. **利用宏观调控手段保障农产品的安全供给**

提高中国农产品质量安全水平，需要从宏观的视角进行审视，要根据中国农村和农业发展的现实背景出发，在改革层面要建立农业发展和经济改革及各方面利益协调的、综合平衡的宏观防控机制：一是要综合平衡农业和其他产业之间农业劳动力的合理布局，开发“人口红利”要与农业发展的水平相适应；二是切实保障农业生产用地的投入，防止城镇化过程中大量占用良田沃土，要适当提高粮食生产的自给率；三要进一步缩小城乡收入差距，要保障农业生产者收入水平的逐步提高，建立激励和约束相容的农业生产补贴制度，切实消除农产品的“隐形剪刀差”。

二、农产品质量标准与认证体系方面

1. **要进一步加强认证机制建设，强化认证的权威性**

要改进“三品一标”的管理，加强“三品一标”监督和抽查力度，规范标识使用，使农产品标志和标识真正体现农产品的质量和品质；加强宣传，使更多消费者了解“三品一标”的质量品质，增强消费者对“三品一标”产品的信心。要改变地理标志多头认证、重复认证的状况，工商总局、质检总局和农业部要建立分工协调机制，建议对于初级农产品认证主要由农业部负责，对于加工品，实行农业部和质检总局联合认证，农业部主要负责原材料的安全，质检总局主要负责加工过程的安全，工商总局主要集中于商标管理。

2. **要加强标准的制订，并建立强制认证机制**

要加强农产品质量标准的制订步伐，增加农产品质量安全标准的覆盖面；要加强农产品分级标准的制订，促进农产品的公平交易、提高农产品的交易效率。结合国内农业生产的实际情况，借鉴美国的良好农业操作规范（GAP），针对初级农产品的种植、采收、清洗、摆放、包装和运输过程制订相关操作标准。对农业生产组织进行分级，对于一定规模的农场和专业农业生产大户、家庭农场需要通过认证才能生产相关产品。

3. 要建立比较完善的农药残留标准体系

要大幅度提高农药残留标准，对于所有农产品和所有农药品种都要制定相应的农药残留最高上限；要根据市场和消费者需要，及时更新农药残留标准，剔除已禁止生产、销售和使用的农药标准，及时制订在市场上新出现的农药残留标准；要制定不得检出的农兽药目录，并实行“一律标准”；要建立与国际标准对接的农药残留标准体系。

三、农产品质量检测与监督体系方面

1. 建立“全民”检测体系

一方面要按照设备高端化和技术先进化的要求加强官方农产品质量检测机构的建设，充实农产品质量检测机构人才队伍，保障经费投入，提高大宗作物质量检测水平和能力；要规范检测机构的行为，改变检测机构在内部管理制度上存在的不规范行为、出具检验检测报告的随意行为。另一方面要充分考虑到中国人口众多的实际和中国农业生产分散的特点，要大量开发老百姓能在菜市场都能用得上的农产品质量快速检测技术和方法，要在超市、农贸市场配套简易的质量检测平台，要让老百姓都能成为“电子眼”，从而建立起“全民”的检测体系。

2. 建立“全程”监管制度

对于大型农场和商品粮基地，要对生产、收获、加工、包装、运输、贮藏和销售等环节实行全过程监控，避免任何重要环节的缺失可能对食品安全造成的冲击；对化肥、农药、饲料、包装材料、运输工具、食品标签等实行全方位的监管，预先防范可能对食品安全构成潜在危害的风险。建立有效的农产品追踪、检查以及快速反应机制和召回制度，要加强规制从生产、加工、储藏、销售等从田间到餐桌的各个环节生产经营行为的系统性立法。

3. 加强农产品质量监督队伍建设，建立起覆盖“全社会”的农产品质量监督网

一是要建立一支严格规范执法的农产品质量监督队伍，加大对农产品质量安全违法违规行为的惩处力度，注重惩处的规范性和持续性，从重惩罚违法行为，提高法律的震慑力。二是要避免基层农产品质量监督机构与乡镇农业技术服务站激励不相容问题，建议在乡镇政府成立专门的农产品质量监督机构。三是在农村区域设立一批兼职的安全监督员，建立起覆盖全社会的农产品质量监督网。

四、农产品质量风险评估与预警体系方面

1. 完善农产品质量风险评估与预警平台

一是要尽快完善各地区、各行业的风险评估实验室的功能。要明确各地区、各行业的风险评估实验室的法定职责，建立有效的运行机制和工作机制；要协调好地方政府和农业部的投入机制，保障风险评估实验室的固定投入。二是要尽快完善国家层面的农产品质量风险评估与预警平台功能，真正发挥其统领协调作用，以提高风险评估和预警的权威性、有效性和及时性。三是要实施风险评估和预警的专项人才培育计划，要建立农产品质量安全风险评估和预警的专业、专职人才队伍。

2. 要建立先进的风险评估与预警技术体系

一是要基于不同年龄、不同类型的人群，重点开发适合中国具体情况的各类农产品、各类农药的蓄积性和累积性评估技术，开发农药对内分泌干扰的测量技术以及农产品质量安全控制的成本效益评估技术等。二是要建立起能够有效支撑农产品质量安全评估与预警技术的数据库，特别是要完善风险评估时应用的毒理学、流行学等数据。三是开发适合中国国情的农药安全评价模型、暴露评估模型、微生物生长和存活预测

模型和重金属转化模型；四是要完善农产品质量风险评估与预警的指标体系，既要对微观指标进行完善，又要将反映中国农村改革与农业发展转型的相关宏观经济社会指标纳入评估与预警指标体系。

3. 建立有效的农产品质量安全风险的信息交流与信息披露机制

一是风险评估者、风险管理者、消费者、企业、学术团体和其他组织之间要建立农产品质量安全的信息交流机制，要就危害、危害性、与危害性相关的因素和理解等进行广泛的信息和意见沟通；二是风险评估与预警机构既要定期向政府提交风险报告，又要及时向利害相关者发布风险评估结论；三是赋予公众知情权，允许公众可直接向风险评估与预警机构询问或通过其网站查询评估结果，从而树立公众对农产品质量安全管理的信心。

关键词：农产品；质量安全；保障体系；农村改革；农业发展

第一章　绪　论

第一节　课题研究的意义

本课题基于中国农村改革与农业发展转型的现实背景，运用非对称信息博弈理论，研究中国农产品质量安全的基本现状、影响因素以及中国农产品质量安全保障体系的建设现状、存在问题以及优化机制，提出中国农产品质量安全保障体系的优化策略。其意义在于：

1. 当前农产品质量安全面临新的挑战，进一步完善农产品质量安全保障体系迫在眉睫

20世纪90年代，我国明确提出发展高产、优质、高效、生态、安全农业的目标。经过多年的努力，我国农产品质量安全水平有了很大提高，总体是安全、放心的（农业部，2007）。但近年来“问题奶粉”等食品安全事件屡屡发生，农产品质量安全问题面临新的挑战。十七届三中全会明确提出，“要加强农业标准化和农产品质量安全工作，杜绝不合格农产品流入市场”，要进一步完善农产品质量安全保障体系。2013年中央1号文件再次提出：“改革和健全食品安全监管体制，加强综合协调联动，落实从田头到餐桌的全程监管责任，加快形成符合国情、科学完善的食品安全体系。健全农产品质量安全和食品安全追溯体系。强化农业生产过程环境监测，严格农业投入品生产经营使用管理，积极开展农业面源污染和畜禽养殖污染防治。支持农产品批发市场食品安全检测室（站）建设，补助检验检测费用。健全基层食品安全工作体系，加大监管机构建设投入，全面提升监管能力和水平”。2014 年中央 1 号文件又一次强调，“要建立最严格的覆盖全过程的食品安全监管制度，完善法律法规和标准体系，落实地方政府属地管理和生产经营主体责任。支持标准化生产、重点产品风险监测预警、食品追溯体系建设，加大批发市场质量安全检验检测费用补助力度。”

2. 完善中国农产品质量安全保障体系应当充分考虑中国农村改革与农业发展转型的现实背景

中国经济转轨、社会变革对中国农业、农村、农民带来了深刻的变化（林毅夫，2004）。农民利益诉求的变化导致农民行为动机的转变，城乡格局的转换导致农村生产方式的改变，农业生产模式的演进导致农产品供给格局的转化。农民行为动机的转变、农村生产方式的改变、农产品供给格局的转化，无一不对农产品质量安全形成巨大的冲击。中国现在有 2.6 亿农民转身成为农民工，部分地区农业和农村处于被“放弃”或“忽视”的状态，中国农村的空心化越来越突出；中国现在的农业发展方式一定程度上是以牺牲未来的土壤资源、自然环境为代价的，中国农业发展方式具有明显的粗放特征；目前国内农产品生产已不能满足需求，进口依赖度逐年增大，我们现在的生活“超出了自身资源和农业生产水平”（陈锡文，2013）。这些因素必然影响中国农产品的质量安全。因此只有充分考虑中国农村改革与农业发展转型的现实背景，才能构建符合现实要求的农产品质量安全保障体系。

3. 进一步完善中国农产品质量安全保障体系，迫切需要加强农产品质量安全保障体系构建机制的理论探索

当前国内外针对“农产品质量安全保障问题”已经进行了不少探索，但对策性的较多，而鲜有基于现代经济管理理论的农产品质量安全保障体系构建机制的成熟研究成果，从而导致农产品保障体系建设缺乏有效的理论指导。当前应当在农产品质量安全管理实践的基础上，加强规律性研究，探索推进农产品质量安全的长效机制（高鸿宾，2007）。本研究拟结合非对称信息博弈理论等多学科的前沿理论，对农产品质量安全的影响因素以及质量安全保障体系的核心机制进行深入的理论研究，在此基础上提出实践层次的优化策略，因此具有重要的理论与实践价值。

第二节 国内外研究现状

一、国外相关研究现状与述评

1962年美国海洋生物学家R. 卡逊女士出版的《寂静的春天》，推动了人们对农产品质量安全的关注。国外对农产品质量安全的深入研究起源于20世纪80年代，其主要内容集中在四个方面：一是关于消费者与农产品质量安全关系的研究。David等（1996）通过研究消费者对普通农产品消费需求和安全农产品消费需求之间的关系，阐述了影响农产品质量安全需求的因素以及人们愿意为食品安全所付出的费用问题；Marsden等（1999）研究了消费偏好对生产者供应产品的影响，并从零售环节、渠道策略方面提出了具体措施；Jacques Trienekens等（2008）研究了消费者对食品安全的关心程度与食品质量标准的关系；P. Karipidisa等（2009）研究了消费者的食品安全需求对小规模企业质量安全管理行为的影响。二是从供给链及交易费用视角研究农产品质量安全。Holleran（1999）认为，农产品质量安全涉及从生产到销售的整个供给链，而供给链中存在的交易费用大小影响着供给主体提供的农产品质量安全水平；Maze等（2001）分析了整个供给链中食品质量与治理结构的关系；Weaver和Hudson（2008）对供给链中的契约协同作用进行了理论和实证分析。Nhuong Tran（2013）以越南养虾产业为例，研究了运用全球价值链管理来应对食品安全的可能方法与实施效果。三是从契约不完全与信息不对称视角研究农产品质量安全问题。Grossman（1981）研究了企业信誉机制的形成与食品安全的关系，验证了真实、准确信息的重要性。Caswell（1992）等将有关食品安全的信息分为不对称不完全信息和对称不完全信息，将商品分为搜寻品、经验品和信用品。Antle（2008）等认为市场机制下食品安全管理政策效能的高低关键取决于合适的信息制度。为了揭示农产品安全管理的相关信息，Klementina Kirezieva、Liesbeth Jacxsens 和 Mieke Uyttendael 等（2013）开发了一个评估工具，用于评估在全球生鲜农产品链管理中农产品安全管理的有效性。四是市场与政府在食品安全管理中的作用机制问题。Klein 等（1981）通过提出质量保证和价格贴水模型，深入分析了市场力量在保证契约自我实施中的作用，结论是市场价格高于竞争价格和不可补偿性资本的出现实质是质量承诺的重要手段。FAO（2006）、FAO（2008）研究了政府在食品安全管理中的作用机制、成本及各种约束条件；Pieternel A. Luning 等（2009）提出政府主导下的食品安全管理的集成创新机制。国外的相关研究将为本研究提供重要的理论基础，但在理论上总体还不够系统与全面，且主要是基于企业而不是农户行为的，其结论不完全适合中国国情。

二、国内相关研究现状与述评

最近几年，国内学者对农产品质量安全问题十分关注，形成了一系列探索性研究成果。王志刚（2003）认为我国消费者对食品质量安全的关心、认知以及消费行为正在发生根本性的变化；于冷（2003）对农业标准化与农产品质量分等分级进行了分析；张庆文（2004）认为小农户的安全意识不强、政府部门对其监管薄弱是农产品质量安全产生的重要原因；张云华等（2004）通过建立一个简化的两阶段食品质量安全契约模型，分析了食品质量安全契约中影响契约设计、选择和执行的因素；任爱胜等（2005）对农产品质量安全的影响因素及发展趋势进行了分析；周欢等（2005）提出了构建基于供应链管理的农产品质量安全监控信息平台的思路；杨天和和褚保金（2005）对我国农产品质量安全保障体系中的技术创新问题进行了研究，认为农业科技创新的方向和重点必须进行相应的调整；周洁红（2006）用 Logit 模型考察了蔬菜生产农户生鲜蔬菜的安全供给行为；杨万江（2006）对安全农产品生产经济效益进行了研究；赵建欣和张忠根（2007）研究了基于计划行为理论的农户安全农产品供给机理；任国元和葛永元（2008）研究了农村合作经济组织在农产品质量安全中的作用机制；金发忠（2008）认为健全农产品质量管理法制体系和发展品牌农产品是解决农产品质量安全问题的关键；李江华（2008）以相关法律法规为依据，以标准化的基本原理为基础，对建立健全农产品质量安全标准体系进行了系统分析。钟真和孔祥智（2013）对中国农产品质量安全问题产生原因与治理措施进行了系统分析。李祥洲等（2013）采用网络引擎搜索和人工浏览监控等方法对中国农产品质量安全网络舆情信息源进行了实证监测研究。结果表明，农产品质量安全网络舆情信息源主要包括网站、微博、论坛和网络访谈为代表的网络媒体和以报纸、广播、电视和期刊组成的传统媒体，其中网站、微博和报纸是农产品质量安全网络舆情的主要信息源。此外，围绕农产品质量安全管理工作和《安全法》的起草、贯彻与实施过程，农业部和全国各地农业部门对农产品质量安全管理工作进行了大量的关于农产品质量安全认证等方面的实践与探索，积累了一系列的实践成果，如农业部市场与经济信息司《无公害食品行动计划资料汇编》《中华人民共和国农产品质量安全法释义》等。纵观国内外研究现状，目前缺乏综合现代经济管理理论的、多学科的、较系统的农产品质量管理的理论研究，同时现有研究也没有充分考虑中国农村改革与农业发展转型的现实背景，因此本研究与现有研究相比，拓展了新的研究空间，具有创新性。

第三节　研究的主要内容

本研究主要聚焦于以下 5 方面内容：

1. 中国农产品质量安全的现状及测度

分析了中国农产品质量安全的基本形势，运用单位面积施用农药和化肥指标，建立了中国农产品质量安全的简易度量方法，然后运用因子分析方法，对 1997—2011 年中国各地区农产品质量安全的水平进行了测度，最后基于食品安全新闻曝光量的相关分析与面板数据回归分析对中国各地区农产品质量安全测度结果进行了验证。

2. 农村改革与农业发展转型背景下中国农产品质量安全面临的冲击

在描述 1978 年以来中国农村改革与农业发展转型历史轨迹的基础上，分析了中国农村改革与农业发展转型面临的三大挑战，基于此，构建农村改革与农业发展转型背景下中国农产品质量安全影响因素的博弈理论模型，最后基于空间 Durbin 模型对中国农产品质量安全影响因素进行了实证分析。

3. 中国农产品质量安全体系的建设现状

在分析中国农产品质量安全体系建设的法律依据基础上，分析了中国农产品生产和供给体系的建设现状、农产品质量标准和认证体系建设现状、农产品质量检测与监督体系建设现状和农产品质量安全风险评估与预警体系建设现状。

4. 国外农产品质量安全保障体系建设的经验

从建立全流程的农产品质量安全可追溯制度、严格农药、化肥、土地等农业生产投入的管理、执行严格的法律制度和建立农业生产组织的分级管理制度等方面研究了国外农产品质量安全的生产和供给体系建设经验，另外分别从三个方面研究了国外农产品质量标准与认证体系建设经验、国外农产品质量检测与监督体系的建设经验和国外农产品质量风险评估与预警体系建设经验。

5. 中国农产品质量安全体系的优化——基于非对称信息博弈理论的分析

建立了非对称信息博弈视角下中国农产品质量安全体系运行模型，并对对称信息模型、信息不对称模型和带有信号因子的信息不对称模型进行了分析，揭示中国农产品质量安全体系运行的内在机制。在此基础上分析中国农产品质量安全体系存在的主要问题，提出中国农产品质量安全体系的优化策略。

第四节 研究思路及方法

研究思路：本研究从现实出发，在分析中国农产品质量安全基本形势的基础上，建立中国农产品质量安全的简易度量方法，刻画出中国各地区农产品质量安全的基本情况。在此基础上，立足中国农村改革与农业发展转型的现实背景，构建农村改革与农业发展转型背景下中国农产品质量安全影响因素的博弈理论模型，并对模型进行实证分析。然后基于对比视角，对中国农产品质量安全体系的建设现状和国外农产品质量安全保障体系建设的经验进行研究。最后，建立非对称信息博弈视角下中国农产品质量安全体系运行模型，揭示中国农产品质量安全体系运行的内在机制和存在问题，提出中国农产品质量安全体系的优化策略。

研究方法：以调查研究为基础，做到理论研究与实证研究的有机结合。在研究“中国农产品质量安全的现状及测度”时，主要理论分析方法是基于现实基础的逻辑演绎，得出理论结论并构建相关评价模型，实证方法是因子分析法、基于面板数据的相关分析和回归分析；在研究“农村改革与农业发展转型背景下中国农产品质量安全面临的冲击”时，理论分析方法是基于博弈理论建立相关数量模型，实证方法是基于面板数据、运用空间 Durbin 模型对理论模型进行实证分析。对“中国农产品质量安全体系的建设现状”和“国外农产品质量安全保障体系建设的经验”进行研究时，主要方法是在现实调查的基础上，运用对比分析的方法进行研究。对“中国农产品质量安全体系的优化——基于非对称信息博弈理论的分析”进行研究时，主要理论方法是基于非对称信息博弈，建立中国农产品质量安全体系运行的理论模型，实证方法是通过对比分析揭示存在的问题，最后运用制度分析方法，提出相关优化策略。

第五节　研究的资料来源

主要资料来源有：

（1）对重庆市农委、市工商局、市质监局等部门的访谈资料；（2）与基层农业技术服务站、农业生产合作社、生产大户、食品加工企业以及农民的座谈资料；（3）国家统计局、农业部提供的统计资料；（4）相关的法律文件；（5）《中国农村经济》《农业质量标准》等专业杂志以及相关专业网络资料。

第二章　中国农产品质量安全的现状及测度

“真知”才能“灼见”。了解中国农产品质量安全的现状，是构建农产品质量安全体系的逻辑起点。本章首先在对中国农产品质量安全的基本状况进行简单勾勒的基础上，探索性建立中国农产品质量安全的度量方法，最后对中国各地区农产品质量安全状况进行测度。

第一节　中国农产品质量安全形势不容乐观

“民以食为天，食以安为先”，改革开放之前，面对十几亿人口的吃饭问题，我国农业生产一直致力于提高产量，解决农产品供应数量不足的问题。改革开放以后，农产品不仅在数量上满足消费者需求，而且随着社会的发展和人们生活水平的提高，农产品也呈现出新鲜化和多样化。但是近几年来农产品质量安全的问题却日益突出，尽管国家相继颁布实施了《农产品质量安全法》《农产品产地安全管理办法》及《农产品包装和标识管理办法》等规章，一些地方性法规和规章也相应颁布实施，但无论是从农产品的生产源头还是到终端，质量安全事件接连发生，给人们的生命财产带来巨大损失。

在生产源头上，农民或企业生产各种有害农产品。2011 年 8 月“新华视点”记者追踪安徽部分蔬菜从田间到餐桌的全过程后发现，豆角、茄子、白菜是百姓餐桌上最常见的蔬菜，然而，这些在阳光、雨露下茁壮成长的蔬菜，更是和农药一起度过“一生”：一根豆角被

“喂”11种农药，一根茄子一次性混打4种农药，刚喷过农药的蔬菜第二天就被采摘下来，运往市场销售；2011年4月东莞市农业检测监测所在茶山镇上元农业保护区及京山农田保护区日常抽检中，发现上元一块0.04亩农田的通心菜含有违禁农药“氧化乐果”残留。茶山农技中心工作人介绍，“氧化乐果”是国家禁止使用的农药，其残留时间很长，可达数年之久，市民如食用含有“氧化乐果”农药残留的蔬菜会引起慢性中毒。另外，在京山农田保护区也有部分菜地的生菜和菜心被检出甲基异硫磷以及水胺硫磷超标。2011年4月24日，沈阳市食品安全办公室通报，沈阳累计打掉有害豆芽黑加工点23个，抓获犯罪嫌疑人30余名，缴获有害豆芽超过55吨。有关部门在检测中发现，这些毒豆芽几乎都添加了激素药剂、农药、兽药三大违禁品，包括植物生长调节剂、6－苄氨基腺嘌呤及尿素等违法添加品。尿素和6－苄氨基腺嘌呤可使豆芽长得又粗又长，缩短生产周期，增加豆子发芽率，让豆芽美观白净、方便运输又增加产量，降低成本。但人食入后，会在体内产生亚硝酸盐，长期食用可致癌。2005年“大蒜之乡”河北省永年县农民在收获蒜薹前25天，收获蒜头前40天还在用3911给蒜菜灌根。3911等农药残留期为60天，当消费者在食用这种蔬菜时，剧毒农药的安全残留期还没有过。食用了剧毒农药浇灌过的蒜头、蒜薹，会损害人体神经系统、内分泌系统、消化系统、肝脏、泌尿系统等重要器官和组织。

在销售环节，各种大型超市，农贸市场也被频频检测出“有毒”农产品。2010年1月28日，武汉市农检中心在武商量贩水果店和白沙洲农副产品大市场销售的豇豆中检出水胺硫磷。经追溯，超标样本均来自海南凌水县英洲镇和三亚市崖城镇；2009年4月国际绿色和平组织发布了在北京、上海和广州三地进行的常见蔬菜和水果农药残留检测结果：选取的45个样品中，40个样品检测出50种农药残留，30个样品残留着至少5种以上不同的农药。著名的沃尔玛超市（北京宣武门店）一颗草莓样品和广州的华润万家超市所购买的黄瓜样品中，均检测出了13种之多的农药残留成分。上海易初莲花（正大店）选取的5个样品均检出了3种以上农药残留，检出率为100%，其中两个还测出了国家禁用农药；2008年9月沈阳市农委农产品质量安全执法部门在对沈阳十二县蔬菜批发市场的检测中及时发现5200斤农药残留超标芹菜，沈阳市农委农产品质量安全处的领导表示，如孕妇食用这批问题蔬菜可导致腹中胎儿畸形；2008年广州市消委会和工商局对商场、超市、个体经营户，共计63个销售企业的茶叶样品进行了检测，查出2批次绿茶存在滴滴涕、甲胺磷和乙酰甲胺磷等农药残留。滴滴涕杀虫效果好，而且成本低，所以很多茶农热衷于使用，但其在环境中和植物体内残留期长，残留量高，人体长期摄入会引起慢性中毒。我国早在1974年就禁止在茶叶生产中应用滴滴涕，根据GB 2763－2005《食品中农药残留最大限量》规定，茶叶产品中滴滴涕的限量是小于0.2mg/kg，乙酰甲胺磷残留量不得大于0.1 mg/kg。本次比较试验中发现有1批次的茶叶滴滴涕严重超标，含量是0.32mg/kg，还有一批次的乙酰甲胺磷残留量为0.15mg/kg，而且农业部公告第199号已经明确了甲胺磷是剧毒农药，对人体神经系统、肾功能有严重的影响，不能用于茶叶上。2007年1月山东省工商局对流通领域蔬菜、水产品等进行了质量检测，发现蔬菜种类中韭菜的农药残留超标较为严重，合格率为84.4%，主要是菜农为预防害虫，在种植前实行农药浸种，种植后根部埋施农药，造成农药被韭菜直接吸收在枝叶内。

第二节　中国各地区农产品质量安全的简易度量方法

中国农产品生产主要是分散经营模式，农户在种植技术、质量控制等方面存在缺陷。农户知识水平有限，缺乏质量、安全等方面基本知识，当蔬菜、水果等农产品出现害虫时，农民就会使用大剂量的农药，甚至用高毒、高残留的有机磷农药反复“灌根”或“喷施”。而农民为了保证农产品的新鲜，大多在农药残留安全间隔期就采摘上市。中国农药年产约170万吨，按18亿亩农田计算，平均每亩施用近两斤农药，导致农产品中农药残留大大超标。同时，农户为了保证农产品的产量，大量使用化肥，每年化肥使用量约为 5460 万吨。国际公认的化肥施用安全上限是 225 千克/公顷，但是目前中国农用化肥单位面积平均施用量达到 434.3 千克/公顷，是安全上限的 1.93 倍。蔬菜是易富集硝酸盐的植物，特别是现代农业化肥的大量施用，使蔬菜中的硝酸盐含量急剧上升，硝酸盐本身毒性并不大，但它在人体内可被还原成亚硝酸盐，使正常的血红蛋白氧化成高铁血红蛋白，导致人机体内缺氧，引起高铁血红蛋白症。亚硝酸盐还能与人肠胃中的含氮化合物结合成致癌的亚硝胺，导致消化系统的癌变。当前，中国农产品质量安全问题主要是由农药和化肥引起的。

为推进农产品质量安全战略，中国制订了绿色食品、无公害食品、有机农产品认证标准。绿色食品是指在无污染的条件下种植、养殖，施有机肥料，不用高毒性、高残留农药，在标准环境、生产技术、卫生标准下加工生产，经权威机构认定并使用专门标识的安全、优质、营养类食品的统称。无公害农产品，实际上是指农产品中不含有关规定中不允许的有毒物质，并将某些有毒物质控制在标准允许的范围内，保证人们的食用安全。无公害农产品应达到“优质、卫生”。“优质”指的是品质好、外观美，Vc 和可溶性糖含量高，符合商品营养要求。“卫生”指的是 3 个不超标，即农药残留不超标，不含禁用的剧毒农药，其他农药残留不超过标准允许量；硝酸盐含量不超标；工业三废和病原菌微生物等对商品蔬菜造成的有害物质含量不超标。有机农业指在动植物生产过程中不使用化学合成的农药、化肥、生产调节剂、饲料添加剂等物质，以及基因工程生物及其产物，而是遵循自然规律和生态学原理，采取一系列可持续发展的农业技术，协调种植业和养殖业的平衡，维持农业生态系统持续稳定的一种农业生产方式。

不施用高毒性、高残留农药，不用化学合成的化肥是这三类食品突出的共性，它们从种植、收获、加工生产、贮藏及运输过程中都采用了无污染的工艺技术，实行了从土地到餐桌的全程质量控制，保证了食品的安全性。但是，它们之间也存在区别：①质量水平不同。绿色食品分为 AA 级和 A 级，需要达到发达国家普通食品质量水平，高于国内同类标准的水平；有机食品达到生产国或销售国普通农产品质量水平，强调生产过程的自然性；无公害农产品则是需要达到中国普通农产品质量水平。②认证体系和管理体系不同。无公害农产品的认证是由农业部所属的各级行政主管部门，各个地方可以有不同的标志；绿色食品是由农业部所属的中国绿色食品发展中心在各地区设立的 40 个委托管理机构，负责管理工作，并使用同一的商标；有机食品是由政府管理部门审核、批准的民间或私人的认证机构按市场化运作。③检测体系的不同。绿色食品的检测机构必须通过省级以上或国家级计量认证；有机农产品的检测机构必须是获得国家认监委认可的认证机构和检测机构；无公害农产品的检测机构则是农业部所属监测机构。

无论从法规标准还是管理体制来看，绿色食品、有机农产品和无公害农产品都将农药和化肥看作是危及农产品质量安全的罪魁祸首。

基于中国农业生产的现实状况，结合绿色食品、有机农产品和无公害农产品的质量标准，度量农产品质量安全的简易指标就是农药用量和化肥用量。我们可用单位面积的农药用量和单位面积的化肥用量来建立农产品的检测机构质量安全评价指标体系。

其质量安全评价的基本流程是，首先用单位面积的农药用量和单位面积的化肥用量建立评价指标体系，然后运用因子分析法进行指标综合，最后进行指标得分计算（见图 2－1）。

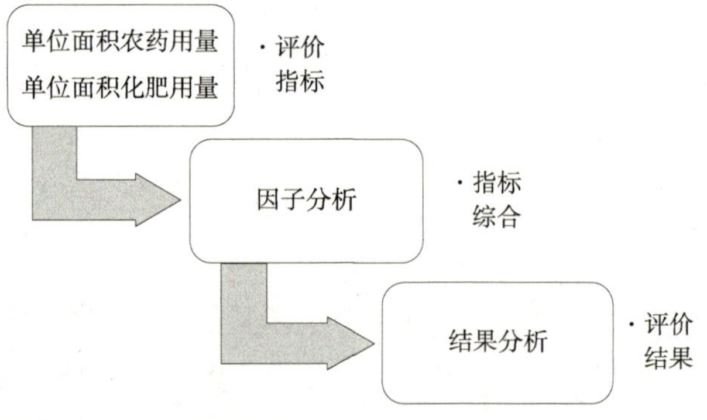

图 2－1　各地区农产品质量安全评价的简易流程

第三节 中国各地区农产品质量安全的测度——基于因子分析方法

本节应用因子分析法，基于单位面积的农药施用量和单位面积的化肥施用量两个指标，对全国31个省市区1997—2011年的农产品质量进行综合评价。所有原始数据均来自《新中国六十年统计资料汇编》《中国统计年鉴》。

一、1997—2011年全国单位面积农药和化肥施用量情况

表2-1显示的是1997—2011年全国单位面积农药和化肥施用量情况。在1997年，全国农药施用量平均每亩为0.49公斤，最低的地区为内蒙古，每亩0.09公斤；最高的地区为福建省，农药施用量每亩高达1.18公斤。2011年，全国农药施用量平均每亩为0.82公斤，在1997年的基础上增长了67.21%，年均增长3.74%。2011年，全国农药施用量最低的地区是宁夏，每亩0.14公斤；最高的地区为海南省，农药施用量每亩高达3.73公斤。在1997年，全国化肥施用量平均每亩为16.47公斤，最低的地区为青海，每亩8.22公斤；最高的地区为江苏省，化肥施用量每亩高达27.00公斤。2011年，全国化肥施用量平均每亩为24.17公斤，在1997年的基础上增长了46.69%，年均增长2.77%。2011年，全国化肥施用量最低的地区是青海，每亩10.10公斤；最高的地区为吉林省，化肥施用量每亩高达50.03公斤。

表2-1 1997—2011年全国单位面积农药和化肥施用量情况

年份	化肥施用量（KG/亩）	化肥施用量标准差	化肥施用量最小值	化肥施用量最大值	农药施用量（KG/亩）	农药施用量标准差	农药施用量最小值	农药施用量最大值
1997	16.47	5.30	8.22	27.00	0.49	0.32	0.09	1.18

续表

年份	化肥施用量（KG/亩）	化肥施用量标准差	化肥施用量最小值	化肥施用量最大值	农药施用量（KG/亩）	农药施用量标准差	农药施用量最小值	农药施用量最大值
1998	15.44	6.90	0.59	27.57	0.51	0.40	0.01	1.75
1999	17.05	5.78	7.81	28.42	0.55	0.40	0.10	1.67
2000	17.31	5.95	7.21	29.43	0.55	0.37	0.10	1.41
2001	17.97	6.13	8.22	28.97	0.55	0.37	0.11	1.36
2002	18.45	6.26	8.59	30.04	0.59	0.39	0.10	1.39
2003	19.25	6.56	8.55	31.84	0.60	0.42	0.10	1.46
2004	20.44	7.02	9.30	33.14	0.62	0.42	0.10	1.52
2005	20.70	6.91	9.79	32.78	0.66	0.45	0.10	1.55
2006	24.45	10.96	10.33	54.86	0.68	0.47	0.11	1.75
2007	22.89	8.02	9.81	39.63	0.76	0.53	0.12	2.20
2008	22.92	7.81	9.97	38.69	0.79	0.58	0.13	2.67
2009	23.08	7.76	10.37	38.08	0.81	0.71	0.13	3.76
2010	23.29	7.68	10.73	37.10	0.82	0.69	0.14	3.64
2011	24.17	8.75	10.10	50.03	0.82	0.70	0.14	3.73

二、中国各地区农产品质量安全的因子分析——基于单位面积农药和化肥施用量

因子分析的基本步骤主要包括：判断原始变量是否适合于因子分析；确定公共因子；计算因子得分；计算综合得分。首先运用 SPSS 软件，对原始数据进行 KMO 检验。结果发现，KMO 检验值为 0.5，在 0.5～1 之间；同时 Bartlett 球度检验（Barlett Test of Sphericity）统计量为 188.0910，给出的相伴概率为 0.0000，在 1% 的水平上显著，因此拒绝 Bartlett 球度检验的零假设，说明相关系数矩阵不是一个单位阵，单位面积的农药施用量与单位面积的化肥施用量之间具有较显著的相关性，比较适合做因子分析。

接下来采用主成份提取因子的方法，得到总方差分解表，见表 2－2。因子分析得到一个公共因子，其贡献率为 78.90%，说明取这个公共因子可以反映原始变量 78.90% 的信息。

表 2－2　总方差分解

成份	初始特征值			未经旋转提取因子的载荷平方和		
	特征值	方差贡献率	累计贡献率	特征值	方差贡献率	累计贡献率
1	1.5780	78.9030	78.9030	1.5780	78.9030	78.9030
2	0.4220	21.0970	100.0000			

根据因子得分和贡献率，我们可以计算出各地区的综合得分。其计算公式为：

$$F = F_1 \times 0.7890 \tag{2-1}$$

各地区的综合得分见表 2－3 和 2－4。得分越高，说明单位播种面积的农药施用量和化肥施用量越多，食品安全性越低。

表 2－3　各地区 1997—2003 年因子分析评价结果

地区	1997	1998	1999	2000	2001	2002	2003
北京	0.36	0.20	0.22	0.46	0.50	0.73	1.02
天津	－0.42	－0.42	－0.09	－0.15	－0.22	－0.17	－0.08
河北	－0.12	－0.14	－0.12	－0.12	－0.09	－0.05	0.03
山西	－0.69	－0.69	－0.67	－0.66	－0.56	－0.58	－0.50
内蒙古	－1.18	－1.19	－1.17	－1.16	－1.10	－1.09	－1.01
辽宁	－0.04	0.09	0.06	0.00	－0.14	0.01	0.12
吉林	－0.46	－0.44	－0.39	－0.54	－0.56	－0.49	－0.45
黑龙江	－1.04	－1.03	－1.03	－1.05	－1.08	－1.02	－1.03
上海	0.05	0.83	1.15	0.93	1.02	0.87	0.91
江苏	0.52	0.56	0.56	0.55	0.61	0.57	0.60
浙江	0.20	0.14	0.18	0.31	0.53	0.64	0.76
安徽	－0.13	－0.05	－0.11	－0.17	－0.02	－0.10	－0.05
福建	0.82	0.82	1.03	1.04	1.06	1.20	1.38
江西	－0.53	－0.50	－0.43	－0.37	－0.43	－0.30	－0.26
山东	0.34	0.37	0.73	0.45	0.47	0.63	0.70
河南	－0.22	－0.15	－0.08	－0.09	－0.01	0.05	－0.01
湖北	0.34	0.37	0.28	0.40	0.38	0.45	0.53
湖南	－0.31	－0.25	－0.25	－0.24	－0.21	－0.18	－0.08
广东	0.46	0.34	0.51	0.53	0.67	0.79	0.86

续表

地区	1997	1998	1999	2000	2001	2002	2003
广西	-0.43	-0.40	-0.40	-0.36	-0.28	-0.21	-0.15
海南	-0.26	-0.17	-0.37	0.19	0.19	0.47	0.56
重庆	-0.72	-0.69	-0.69	-0.67	-0.64	-0.60	-0.58
四川	-0.61	-0.60	-0.53	-0.52	-0.55	-0.56	-0.55
贵州	-1.09	-1.11	-1.06	-1.05	-1.06	-1.02	-1.00
云南	-0.70	-0.73	-0.89	-0.75	-0.72	-0.65	-0.60
西藏	-1.07	-1.69	-1.12	-1.16	-1.09	-0.84	-1.06
陕西	-0.62	-0.71	-0.53	-0.50	-0.44	-0.40	-0.25
甘肃	-0.98	-1.15	-0.92	-0.90	-0.85	-0.80	-0.79
青海	-1.12	-1.66	-1.06	-1.03	-1.02	-0.98	-0.96
宁夏	-0.92	-1.51	-0.56	-0.76	-0.71	-0.82	-0.79
新疆	-0.50	-0.97	-0.63	-0.61	-0.58	-0.62	-0.56

表 2-4　各地区 2004—2011 年因子分析评价结果

地区	2004	2005	2006	2007	2008	2009	2010	2011
北京	1.04	0.90	0.81	0.82	0.58	0.64	0.65	0.77
天津	0.35	0.44	0.48	1.01	0.98	0.93	0.86	0.73
河北	0.05	0.12	0.13	0.21	0.21	0.24	0.25	0.24
山西	-0.46	-0.42	1.75	-0.31	-0.30	-0.27	-0.21	-0.14
内蒙古	-0.95	-0.88	-0.82	-0.79	-0.71	-0.60	-0.57	-0.58
辽宁	0.19	0.18	0.22	0.38	0.42	0.38	0.58	0.40
吉林	-0.19	-0.33	1.10	-0.10	-0.01	0.06	0.08	1.64
黑龙江	-0.90	-0.89	-0.82	-0.77	-0.86	-0.78	-0.70	-0.65
上海	0.63	0.85	0.85	0.86	0.89	0.56	0.41	0.29
江苏	0.65	0.76	0.74	0.79	0.73	0.72	0.67	0.61
浙江	0.89	0.89	0.89	1.25	1.25	1.23	1.22	1.22
安徽	-0.04	0.06	0.11	0.24	0.30	0.30	0.37	0.42
福建	1.36	1.47	1.52	1.88	1.83	1.81	1.81	1.78
江西	-0.07	0.05	0.04	0.23	0.28	0.30	0.38	0.31
山东	0.73	0.78	0.94	0.95	0.90	0.86	0.84	0.82

续表

地区	2004	2005	2006	2007	2008	2009	2010	2011
河南	0. 06	0. 13	0. 18	0. 30	0. 38	0. 46	0. 53	0. 60
湖北	0. 69	0. 65	0. 37	1. 03	1. 09	1. 07	0. 97	0. 98
湖南	0. 06	0. 10	0. 08	0. 27	0. 27	0. 21	0. 21	0. 21
广东	0. 90	0. 95	1. 07	1. 52	1. 57	1. 61	1. 62	1. 74
广西	-0. 10	-0. 07	0. 01	0. 40	0. 39	0. 39	0. 44	0. 46
海南	1. 27	1. 46	1. 64	2. 32	2. 76	3. 71	3. 60	3. 31
重庆	-0. 55	-0. 53	-0. 52	-0. 33	-0. 31	-0. 29	-0. 33	-0. 32
四川	-0. 52	-0. 50	-0. 48	-0. 37	-0. 38	-0. 35	-0. 35	-0. 35
贵州	-1. 01	-1. 00	-0. 98	-0. 89	-0. 88	-0. 89	-0. 90	-0. 85
云南	-0. 56	-0. 54	-0. 49	-0. 34	-0. 26	-0. 31	-0. 22	-0. 16
西藏	-0. 89	-0. 87	-0. 83	-0. 73	-0. 69	-0. 74	-0. 73	-0. 74
陕西	-0. 27	-0. 26	-0. 25	-0. 08	-0. 06	0. 11	0. 23	0. 33
甘肃	-0. 72	-0. 63	-0. 62	-0. 37	-0. 38	-0. 34	-0. 26	0. 06
青海	-0. 98	-0. 96	0. 00	-0. 96	-0. 91	-0. 91	-0. 90	-0. 94
宁夏	-0. 74	-0. 61	1. 42	-0. 52	-0. 52	-0. 52	-0. 45	-0. 45
新疆	-0. 48	-0. 40	-0. 32	-0. 31	-0. 23	-0. 24	-0. 17	-0. 10

从各地区总的趋势来看，各地区因子分析综合得分在提高，说明单位面积的农药和化肥施用量在增长，农产品质量安全状况在不断下降。从1997—2011年综合得分的均值来看，福建、海南和广东的排名居前三位，其综合得分分别为1. 39、1. 38、1. 01，说明这三个地区农产品安全总体形势最不容乐观；处于最后三位的是西藏、青海和贵州，综合得分分别为-0. 95、-0. 96、-0. 99，说明这三个地区农产品安全总体形势较好。各地区1997—2001年因子分析得分统计见表2-5。

表2-5　各地区1997—2001年因子分析得分统计

地区	综合得分均值	1997综合得分	2011综合得分	综合得分增长	综合得分排名	综合得分增长排名
北京	0. 65	0. 36	0. 77	0. 41	7	21
天津	0. 28	-0. 42	0. 73	1. 15	10	4

续表

地区	综合得分均值	1997 综合得分	2011 综合得分	综合得分增长	综合得分排名	综合得分增长排名
河北	0.05	-0.12	0.24	0.36	14	25
山西	-0.31	-0.69	-0.14	0.55	20	15
内蒙古	-0.92	-1.18	-0.58	0.60	28	13
辽宁	0.19	-0.04	0.40	0.44	11	20
吉林	-0.07	-0.46	1.64	2.10	17	2
黑龙江	-0.91	-1.04	-0.65	0.39	27	24
上海	0.74	0.05	0.29	0.24	5	28
江苏	0.64	0.52	0.61	0.09	8	31
浙江	0.77	0.20	1.22	1.02	4	6
安徽	0.07	-0.13	0.42	0.55	13	14
福建	1.39	0.82	1.78	0.96	1	7
江西	-0.09	-0.53	0.31	0.84	18	10
山东	0.70	0.34	0.82	0.48	6	18
河南	0.14	-0.22	0.60	0.82	12	11
湖北	0.64	0.34	0.98	0.64	9	12
湖南	-0.01	-0.31	0.21	0.52	15	17
广东	1.01	0.46	1.74	1.28	3	3
广西	-0.02	-0.43	0.46	0.89	16	9
海南	1.38	-0.26	3.31	3.57	2	1
重庆	-0.52	-0.72	-0.32	0.40	23	23
四川	-0.48	-0.61	-0.35	0.26	22	27
贵州	-0.99	-1.09	-0.85	0.24	31	29
云南	-0.53	-0.70	-0.16	0.54	24	16
西藏	-0.95	-1.07	-0.74	0.33	29	26
陕西	-0.25	-0.62	0.33	0.95	19	8
甘肃	-0.64	-0.98	0.06	1.04	26	5
青海	-0.96	-1.12	-0.94	0.18	30	30
宁夏	-0.56	-0.92	-0.45	0.47	25	19
新疆	-0.45	-0.50	-0.10	0.40	21	22

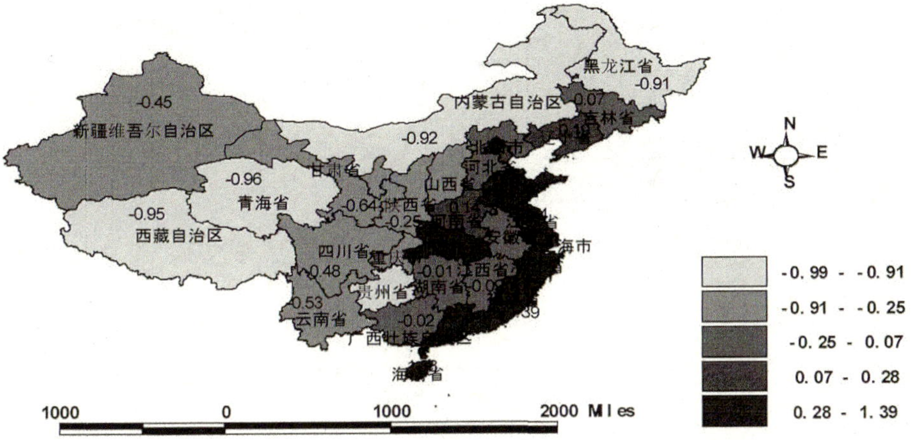

图 2 -2　1997—2011 年各地区农产品安全情况

从 1997—2011 年综合得分的增长情况来看，海南、吉林和广东综合得分的增长最快，2011 年在 1997 年基础上分别增长 3. 57、2. 1 和 1. 28；贵州、青海和江苏增长最慢，2011 年在 1997 年基础上分别增长 0. 24、0. 18 和 0. 09。从 2011 年的综合得分来看，综合得分超过 1 的有海南、福建、广东、吉林和浙江，其得分分别为 3. 31、1. 78、1. 74、1. 64 和 1. 22；综合得分最低的是内蒙古、黑龙江、西藏、贵州、青海，其得分分别为 -0. 58、-0. 65、-0. 74、-0. 85 和 -0. 94。从综合得分及其增长情况综合判断，福建、海南、吉林、广东、浙江的农产品安全隐患最大。而西部不发达地区的安全状况相对较好。说明当前的经济增长模式对农产品安全影响较大。

从全国整体情况来看，中国农产品质量安全随着年份的增长在不断下降。表 2 -6 列示了 1997—2011 年综合得分统计结果。结果表明，综合得分均值处于上升状态，1997 年，综合得分为 -0. 36，2011 年达到 0. 37。综合得分最大值在 1997 年为 0. 82，而在 2011 年，达到 3. 31，增长了 3 倍。从综合得分的标准差来看，表明各地区农产品安全状况差异在不断扩大。1997 年标准差为 0. 55，2011 年达到 0. 91，增加了 65. 45%。

表 2－6　1997—2011 年全国因子分析综合得分

年份	综合得分均值	综合得分标准差	综合得分最小值	综合得分最大值
1997	－0. 36	0. 55	－1. 18	0. 82
1998	－0. 40	0. 69	－1. 69	0. 83
1999	－0. 27	0. 63	－1. 17	1. 15
2000	－0. 26	0. 62	－1. 16	1. 04
2001	－0. 22	0. 63	－1. 10	1. 06
2002	－0. 16	0. 65	－1. 09	1. 20
2003	－0. 11	0. 70	－1. 06	1. 38
2004	－0. 02	0. 71	－1. 01	1. 36
2005	0. 03	0. 72	－1. 00	1. 47
2006	0. 27	0. 79	－0. 98	1. 75
2007	0. 24	0. 84	－0. 96	2. 32
2008	0. 27	0. 86	－0. 91	2. 76
2009	0. 30	0. 95	－0. 91	3. 71
2010	0. 32	0. 92	－0. 90	3. 60
2011	0. 37	0. 91	－0. 94	3. 31

根据表 2－6，1997—2011 年全国综合得分统计结果，1997—－2011 年 31 个省市综合得分分值变动情况见图 2－3。

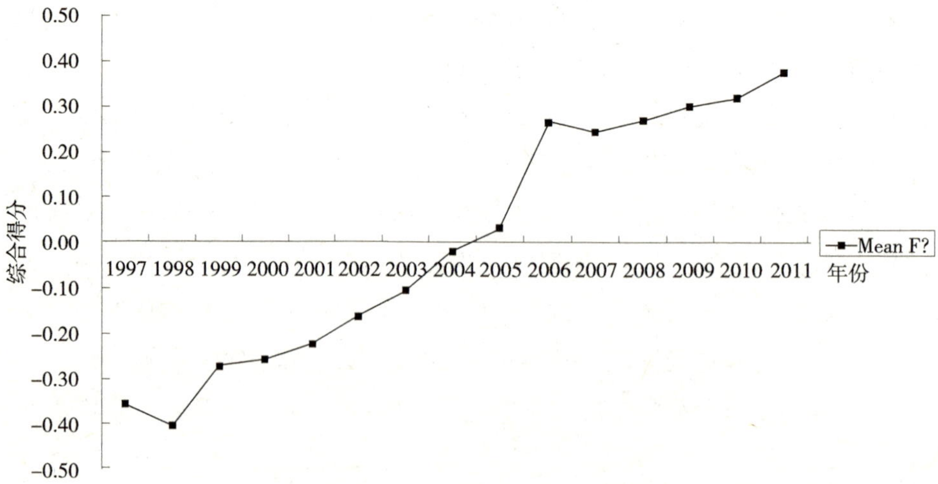

图 2－3　1997—2011 年 31 个省市区综合得分均值变动

第四节　中国各地区农产品质量安全测度结果的验证——基于食品安全新闻曝光量的相关分析与面板回归分析

为了验证利用单位农药用量和单位化肥用量做因子分析对中国农产品质量安全评价的可靠性，接下来利用2004—2011年31个地区的食品安全新闻曝光量占该年全国总数的比例与31个地区的因子分析评价结果的综合得分做相关性分析和面板回归分析。

一、食品安全新闻曝光量的数据说明

2004—2011年31个地区的新闻曝光量占该年全国总数的比例由《易粪相食：中国食品安全状况调查（2004—2011）》计算得到（见表2-7）。《易粪相食：中国食品安全状况调查（2004—2011）》由复旦大学研究生吴恒和34名志愿者查阅反映食品安全问题的相关报道17268篇，从中筛选出食品安全问题有明确来源、有受害者的2107篇报道，制作了2849条记录，并对数据成果进行标准化处理后得到各地区的统计结果。在调查中的新闻来源为国内正规媒体，调查中涉及最多的媒体是新华网、京华时报和北京晚报，同时新闻均有网络版（即可通过搜索引擎找到），其网络来源主要为新浪网、新华网和搜狐。2004—2011年全国31个地区食品安全新闻曝光量见表2-7。

表2-7　2004—2011年31个地区食品安全新闻曝光量

地区	2004	2005	2006	2007	2008	2009	2010	2011
北京	28.71%	39.80%	29.47%	18.28%	10.00%	11.88%	14.14%	10.20%
天津	0.00%	2.04%	3.16%	1.08%	0.00%	0.99%	2.02%	1.02%
河北	8.91%	2.04%	2.11%	2.15%	2.00%	0.99%	4.04%	1.02%
山西	0.00%	1.02%	1.05%	1.08%	1.00%	0.00%	1.01%	0.00%
内蒙古	0.00%	0.00%	0.00%	0.00%	0.00%	0.00%	0.00%	0.00%

续表

地区	2004	2005	2006	2007	2008	2009	2010	2011
辽宁	2.97%	3.06%	2.11%	1.08%	3.00%	1.98%	2.02%	5.10%
吉林	0.00%	1.02%	1.05%	1.08%	2.00%	0.00%	5.05%	0.00%
黑龙江	2.97%	1.02%	1.05%	2.15%	2.00%	2.97%	0.00%	1.02%
上海	8.91%	6.12%	7.37%	4.30%	5.00%	6.93%	5.05%	4.08%
江苏	0.00%	5.10%	3.16%	5.38%	4.00%	6.93%	5.05%	5.10%
浙江	2.97%	6.12%	7.37%	5.38%	2.00%	8.91%	6.06%	4.08%
安徽	2.97%	0.00%	0.00%	4.30%	2.00%	0.99%	4.04%	2.04%
福建	2.97%	6.12%	1.05%	3.23%	2.00%	0.99%	1.01%	3.06%
江西	0.00%	2.04%	3.16%	3.23%	2.00%	0.99%	1.01%	2.04%
山东	2.97%	2.04%	5.26%	5.38%	6.00%	4.95%	12.12%	18.37%
河南	2.97%	3.06%	1.05%	3.23%	0.00%	6.93%	4.04%	1.02%
湖北	0.00%	2.04%	4.21%	4.30%	7.00%	4.95%	8.08%	4.08%
湖南	0.00%	2.04%	3.16%	1.08%	1.00%	4.95%	5.05%	3.06%
广东	8.91%	8.16%	16.84%	16.13%	24.00%	14.85%	9.09%	12.24%
广西	0.00%	1.02%	1.05%	1.08%	1.00%	0.99%	0.00%	2.04%
海南	0.00%	1.02%	1.05%	0.00%	1.00%	1.98%	2.02%	2.04%
重庆	0.00%	0.00%	1.05%	3.23%	6.00%	4.95%	3.03%	10.20%
四川	17.82%	3.06%	1.05%	4.30%	6.00%	3.96%	0.00%	2.04%
贵州	2.97%	0.00%	1.05%	0.00%	2.00%	0.99%	0.00%	1.02%
云南	0.00%	0.00%	0.00%	3.23%	2.00%	0.99%	2.02%	1.02%
西藏	0.00%	0.00%	0.00%	0.00%	0.00%	0.00%	0.00%	0.00%
陕西	2.97%	2.04%	2.11%	4.30%	2.00%	2.97%	3.03%	3.06%
甘肃	0.00%	0.00%	0.00%	1.08%	3.00%	0.99%	1.01%	1.02%
青海	0.00%	0.00%	0.00%	0.00%	1.00%	0.99%	0.00%	0.00%
宁夏	0.00%	0.00%	0.00%	0.00%	0.00%	0.00%	0.00%	0.00%
新疆	0.00%	0.00%	0.00%	0.00%	1.00%	0.00%	0.00%	0.00%

二、相关分析

运用SPSS软件，对2004—2011年31个地区的新闻曝光量占该年全国总数的比例与因子分析综合得分、单位面积农药的施用量和化肥施用量进行相关性分析，分析结果如表2－8所示。结果表明，2004—

2011 年 31 个地区的新闻曝光量占该年全国总数的比例与因子分析综合得分、单位面积农药的施用量和化肥施用量的 Pearson 相关系数分别为 0. 3330、0. 2790、0. 2960，并在 1% 的显著水平上显著，说明新闻曝光量占比与因子分析综合得分、单位面积农药的施用量和化肥施用量具有显著的正相关性。也就是说，因子分析综合得分越高，单位面积农药的施用量和化肥施用量越多，新闻曝光量占比就越高。因此，因子分析对各地区农产品安全的评价结果具有可靠性。

表 2－8　综合得分与食品安全新闻曝光量占比的相关性

<table>
<tr><th colspan="2">相关指标</th><th>新闻曝光量占比</th></tr>
<tr><td rowspan="3">综合得分</td><td>Pearson 相关系数</td><td>0. 3330 **</td></tr>
<tr><td>显著性（双侧）</td><td>0. 0000</td></tr>
<tr><td>N</td><td>248</td></tr>
<tr><td rowspan="3">单位面积
农药的施用量
（千克/亩）</td><td>Pearson 相关性</td><td>0. 2790 **</td></tr>
<tr><td>显著性（双侧）</td><td>0. 000</td></tr>
<tr><td>N</td><td>248</td></tr>
<tr><td rowspan="3">单位面积
化肥的施用量
（千克/亩）</td><td>Pearson 相关性</td><td>0. 2960 ***</td></tr>
<tr><td>显著性（双侧）</td><td>0. 000</td></tr>
<tr><td>N</td><td>248</td></tr>
</table>

注：* * * 表示在 1% 的显著水平（双侧）上显著相关。

三、面板数据回归分析

食品安全问题的新闻曝光量可能与当地媒体的行为具有一定相关性。当地媒体的行为总体上具有一定稳定性，因此我们可以运用截面固定效应的面板模型来去除这种影响。运用 EVIEWS 软件，对 2004—2011 年 31 个地区的新闻曝光量占该年全国总数的比例与因子分析综合得分进行回归分析，选择截面固定效应的面板模型，结果见表2－9。

表 2 -9 基于截面固定效应的面板数据回归分析

Dependent Variable：新闻曝光量占比				
Method：Pooled EGLS（Cross - section weights）				
Sample（adjusted）：2004 2011				
Cross - sections included：31				
Total pool（balanced）observations：248				
Linear estimation after one - step weighting matrix				
Variable	Coefficient	Std. Error	t - Statistic	Prob.
C	0.0316	0.0003	96.6953	0.0000
因子分析综合得分	0.0029	0.0012	2.4257	0.0161
一、固定效应截面虚拟变量值				
北京	0.1692	湖北	0.0092	
天津	-0.0208	湖南	-0.0067	
河北	-0.0031	广东	0.1022	
山西	-0.0250	广西	-0.0233	
内蒙古	-0.0294	海南	-0.0276	
辽宁	-0.0060	重庆	0.0051	
吉林	-0.0197	四川	0.0174	
黑龙江	-0.0128	贵州	-0.0189	
上海	0.0261	云南	-0.0190	
江苏	0.0097	西藏	-0.0293	
浙江	0.0188	陕西	-0.0034	
安徽	-0.0118	甘肃	-0.0215	
福建	-0.0110	青海	-0.0267	
江西	-0.0141	宁夏	-0.0307	
山东	0.0373	新疆	-0.0295	
河南	-0.0047			

二、加权的统计指标			
R - squared	0.7718	Mean dependent var	0.0413
Adjusted R - squared	0.7391	S. D. dependent var	0.0379
S. E. of regression	0.0282	Durbin - Watson stat	1.9081
F - statistic	23.5665	Prob（F - statistic）	0.0000

回归模型的 F－statistic 为 23.5665，调整后的 $R^2=0.7391$，DW 值为 1.9081。说明模型的解释力度比较强的。因子分析综合得分的回归系数 0.0029，在 5% 的显著水平上显著。新闻曝光量占该年全国总数的比例与因子分析综合得分之间具有显著正向关系，因子分析综合得分可以解释新闻曝光量占比的 73.91%。因此，因子分析综合得分评价农产品质量安全具有可靠性。另外，根据各地区的固定效应截面虚拟变量值来看，各地区媒体的新闻曝光行为具有差异性。其中，北京、上海、江苏、浙江、山东、湖北、广东、重庆、四川等 9 个省市的固定效应截面虚拟变量值为正，表明这些地区对食品安全新闻曝光的积极性高于其他地区。

第五节　本章小结

本章对中国农产品质量安全现状进行了实证考察。基于各地区单位面积农药的施用量和化肥施用量两个指标运用因子分析法构建了各地区农产品质量安全的简易评价方法，并对 1997—2011 年各地区农产品质量安全情况进行了定量评价。然后运用基于食品安全新闻曝光量的相关分析与面板回归分析，对中国各地区农产品质量安全测度的可靠性进行了验证。结果发现：

（1）1997—2011 年全国单位面积农药和化肥施用量持续增长。在 1997 年，全国农药施用量平均每亩为 0.49 公斤，最低的地区为内蒙古，每亩 0.09 公斤；最高的地区为福建省，农药施用量每亩高达 1.18 公斤。2011 年，全国农药施用量平均每亩为 0.82 公斤，在 1997 年的基础上增长了 67.21%，年均增长 3.74%。2011 年，全国农药施用量最低的地区是宁夏，每亩 0.14 公斤；最高的地区为海南省，农药施用量每亩高达 3.73 公斤。在 1997 年，全国化肥施用量平均每亩为 16.47 公斤，最低的地区为青海，每亩 8.22 公斤；最高的地区为江苏省，化肥施用量每亩高达 27.00 公斤。2011 年，全国化肥施用量平均每亩为 24.17 公斤，在 1997 年的基础上增长了 46.69%，年均增长 2.77%。2011 年，全国化肥施用量最低的地区是青海，每亩 10.10 公斤；最高的地区为吉林省，化肥施用量每亩高达50.03公斤。

（2）1997—2011年中国农产品质量安全水平不容乐观，但地区差异较大。1997—2011年因子综合得分均值处于上升状态，1997年，综合得分为-0.36，2011年达到0.37。综合得分最大值在1997年为0.82，而在2011年，达到3.31，增长了3倍。从综合得分的标准差来看，表明各地区农产品安全状况差异在不断扩大。1997年标准差为0.55，2011年达到0.91，增加了65.45%。从1997—2011年综合得分的均值来看，福建、海南和广东的排名居前三位，其综合得分分别为1.39、1.38、1.01，说明这三个地区农产品安全总体形势最不容乐观；处于最后三位的是西藏、青海和贵州，综合得分分别为-0.95、-0.96、-0.99，说明这三个地区农产品安全总体形势较好。从综合得分及其增长情况综合判断，福建、海南、吉林、广东、浙江的农产品安全隐患最大。而西部不发达地区的安全状况相对较好。说明当前的经济增长模式对农产品安全影响较大。

（3）各地区食品安全问题新闻曝光量占该年全国总数的比例与因子分析综合得分、单位面积农药的施用量和化肥施用量高度相关。2004—2011年31个地区的新闻曝光量占该年全国总数的比例与因子分析综合得分、单位面积农药的施用量和化肥施用量的Pearson相关系数分别为0.3330、0.2790、0.2960，并在1%的显著水平上显著，说明新闻曝光量占比与因子分析综合得分、单位面积农药的施用量和化肥施用量具有显著的正相关性。也就是说，因子分析综合得分越高，单位面积农药的施用量和化肥施用量越多，新闻曝光量占比就越高。因此，因子分析对各地区农产品安全的评价结果具有可靠性。基于截面固定效应的面板数据回归分析来看，因子分析综合得分可以解释新闻曝光量占比的77.18%。另外，从各地区的固定效应截面虚拟变量值来看，各地区媒体的新闻曝光行为具有差异性。其中，北京、上海、江苏、浙江、山东、湖北、广东、重庆、四川等9个省市的固定效应截面虚拟变量值为正，表明这些地区对食品安全新闻曝光的积极性高于其他地区。

第三章　农村改革与农业发展转型背景下中国农产品质量安全面临的冲击

第一节　1978年以来中国农村改革与农业发展转型的历史轨迹

一、1978—1984年农村改革的黄金期

1978年，以安徽凤阳县小岗村的“分田密约”为标志，以包产到户、包干到户为特征的、波澜壮阔的农村改革拉开了序幕。1979年9月，十一届四中全会通过了《关于加快农业发展若干问题的决定》，开始允许农民在国家统一计划指导下因时因地制宜进行农业生产，保障了农民的经营自主权，保护了农民的生产积极性。1980年9月，中共中央下发《关于进一步加强和完善农业生产责任制的几个问题》，肯定了包产到户的社会主义性质。1982年1月1日，中共中央、国务院颁布了《全国农村工作会议纪要》，标志着第一个关于“三农”问题的“一号文件”诞生。文件明确指出包产到户、包干到户或大包干“都是社会主义生产责任制”，“不同于合作化以前的小私有的个体经济，而是社会主义农业经济的组成部分”。1983年1月，第二个中央“一号文件”《当前农村经济政策的若干问题》正式颁布。从理论上说明了家庭联产承包责任制“是在党的领导下中国农民的伟大创造，是马克思主义农业合作化理论在我国实践中的新发展”。自此，农村家庭联产承包责任制的星星之火以燎原之势在全国范围内迅速推广。截

止到 1983 年底，全国农村实行包产到户的生产队已达到 99.5%，形成了以家庭承包经营为基础、统分结合的双层经营体制局面。1984 年 1 月 1 日，中共中央发出《关于一九八四年农村工作的通知》，即第三个“一号文件”。文件强调要继续稳定和完善联产承包责任制，规定土地承包期一般应在 15 年以上，生产周期长、开发性项目的承包期应当更长一些。中共中央在这一时期的改革，奠定了中国农村经济运行的制度基石，对农村改革和农业发展起到了极大的推进作用，爆炸式地释放出农村改革的巨大红利，解决了世界第一人口大国的吃饭问题，为中国经济社会发展的全面改革开放和中国特色社会主义市场经济体制的建立奠定了重要基础。

二、1985—2003 年农村改革的缓慢期

在这一时期的前几年，事实上中央对农村改革依然重视。1985 年 1 月，中共中央、国务院出台了第四个“一号文件”《关于进一步活跃农村经济的十项政策》。这一文件的重大改革直指农产品统派购制度。规定粮食、棉花取消统购，改为合同定购，由商业部门在播种季节前与农民协商，签订定购合同；定购的粮食，国家按照“三成按原统购价、七成按超购价”的倒三七比例计价，定购以外的粮食可以自由上市。这项重大改革，大方向是正确的。但问题出在粮食的定价制度上。对于中部和广大贫困地区，是粮食主产区，实行包干到户之后，生产积极性调动起来，但这次改革后的合同收购价比原统购价加超购加价反而是下降的，这对农民粮食生产积极性造成了重大的打击。由此，国家实行了这项重大改革，却没有支付相应的成本，当年反而减少了农业和农村支出 11 亿元。因此农民对这个事实上“多取、少予”的文件是不太满意的，称其是农业发展的“跌打丸”（陆学艺，2008）。其结果是，1985 年粮食减产 564 亿斤，比 1984 年减少 6.9%，棉花减产 4222 万担，下降 33.7%。在一年内粮棉同时大幅度减产，历史上还从未有过（陆学艺，2008）。1986 年 1 月 1 日，中共中央、国务院下发了《关于一九八

六年农村工作的部署》，即第五个“一号文件”。文件肯定了农村改革的方针政策是正确的，必须继续贯彻执行。指出：把粮食统购改为合同定购，是粮食收购制度的重大改革，只能逐步完善，不可因为粮食生产出现年度性波动就动摇改革的方向。但“多取、少予”不合理的粮食定价制度没有得到纠正，反而要求“农民要识大体，顾大局，踊跃交卖公粮是农民应尽的义务”。在明知交售定购粮吃亏的情况下，大多数农民还是自觉向粮站卖粮，这实际上已严重扭曲了激励机制，导致农村改革的红利受到严重损害。自此，持续五年的“一号文件”一再延续，农村改革进入事实上的沉默期。同时，中央将改革的重点转入城市，并以农村支持城市的格局开始形成。

在这一时期，特别是1992年以后，是中国经济由计划向市场改革的重要时期。虽然“一号文件”没有再继续，但中央对农村改革依然还是重视的。在这一阶段，农村经济改革的重点主要是深化农产品流通体制改革，加快推进农业产业化经营。1993年11月，中共中央、国务院出台了《关于建立社会主义市场经济体制若干问题的决定》，明确鼓励改革农业发展方式，大力提倡农业产业化经营。1995年3月，《中共中央、国务院关于做好1995年农业和农村工作的意见》，充分肯定农业产业化发展的重要作用，并提出农业产业化经营的具体要求。1996年出台的《中共中央、国务院关于“九五”时期和今年农村工作的主要任务和政策措施》，将农业产业化纳入了“九五”期间农业和农村经济工作的基本要求。

1998年10月，中国共产党十五届三中全会通过了《中共中央关于农业和农村工作若干重大问题的决定》，总结了中国农村改革20年来的基本经验，首次提出了“三农问题”是关系我国改革开放和现代化建设全局的重大问题。但随后的几年中，中国的农村经济改革依然没有触动到城乡二元结构这个深层次矛盾，依然没有释放出应有的制度红利。

在这一时期，尽管部分改革措施收到了良好的效果，但中国农村改革在此时期则陷入了相对缓慢的发展阶段。农村改革的滞后，使城市与农村地区的收入差距逐渐加大（于今，任玉岭，2009）。

三、2004 至今农村改革的高度重视期

以党的十六大召开为标志，中央决策层从本质上开始触动束缚农村经济发展的政策体制问题。从 2004 年到 2013 年中央连续以十个“一号文件”提出了农村改革的具体举措，从根本制度上解决城乡二元结构和统筹发展问题。

2004 年 1 月，针对全国农民人均纯收入连续增长缓慢的情况，中共中央、国务院出台了《中共中央国务院关于促进农民增加收入若干政策的意见》。这一文件是时隔 18 年后、进入 21 世纪后，掀起农村改革高潮的第一个“一号文件”。从 2004 年开始，中央给予种粮农民直接补贴政策。2005 年 1 月 30 日，中共中央、国务院以“一号文件”形式出台了《中共中央国务院关于进一步加强农村工作提高农业综合生产能力若干政策的意见》，明确提出坚持“多予少取放活”的方针，出台了稳定、完善和强化各项支农政策。到 2005 年底，中央全面取消了屠宰税、农业税、牧业税和特产税，平均每年减轻农民负担 1250 亿元。2006 年 2 月，中共中央、国务院下发了新时期的第三个中央“一号文件”《中共中央国务院关于推进社会主义新农村建设的若干意见》。2007 年 1 月 29 日，中共中央、国务院下发了新时期的第四个中央“一号文件”《中共中央国务院关于积极发展现代农业扎实推进社会主义新农村建设的若干意见》，提出发展现代农业是社会主义新农村建设的首要任务，要用现代物质条件装备农业，用现代科学技术改造农业，用现代产业体系提升农业，用现代经营形式推进农业，用现代发展理念引领农业，用培养新型农民发展农业，提高农业水利化、机械化和信息化水平，提高土地产出率、资源利用率和农业劳动生产率，提高农业素质、效益和竞争力。2008 年 1 月 30 日，中共中央、国务院下发了新时期的第五个中央“一号文件”《中共中央国务院关于切实加强农业基础建设进一步促进农业发展农民增收的若干意见》，提出加快构建强化农业基础的长效机制，切实保障主要农

产品基本供给，突出抓好农业基础设施建设，着力强化农业科技和服务体系基本支撑，逐步提高农村基本公共服务水平，稳定完善农村基本经营制度和深化农村改革，扎实推进农村基层组织建设。2009 年 2 月 1 日，中共中央、国务院下发了新时期的第六个中央“一号文件”《中共中央国务院关于 2009 年促进农业稳定发展农民持续增收的若干意见》，指出扩大国内需求，最大潜力在农村，实现经济平稳较快发展，基础支撑在农业，保障和改善民生，重点难点在农民；要求加大对农业的支持保护力度，稳定发展农业生产，强化现代农业物质支撑和服务体系，稳定完善农村基本经营制度，推进城乡经济社会发展一体化。2010 年 1 月 31 日中共中央、国务院下发了新时期的第七个中央“一号文件”《中共中央国务院关于加大统筹城乡发展力度进一步夯实农业农村发展基础的若干意见》，提出在保持政策连续性、稳定性的基础上，进一步完善、强化“三农”工作的好政策，对“三农”投入首次强调“总量持续增加、比例稳步提高”。2011 年 1 月 29 日中共中央、国务院下发了新时期的第八个中央“一号文件”《中共中央国务院关于加快水利改革发展的决定》，成为新中国成立 62 年来中央文件首次对水利工作进行全面部署。2012 年 2 月 1 日中共中央、国务院下发了新时期的第九个中央“一号文件”《关于加快推进农业科技创新持续增强农产品供给保障能力的若干意见》，突出强调部署农业科技创新，把推进农业科技创新作为“三农”工作的重点。2013 年 1 月 31 日中共中央、国务院下发了新时期的第十个中央“一号文件”《中共中央、国务院关于加快发展现代农业，进一步增强农村发展活力的若干意见》，文件把城乡发展一体化作为解决“三农”问题的根本途径，提出要统筹协调促进工业化、信息化、城镇化、农业现代化同步发展，着力强化现代农业基础支撑，充分发挥农村基本经营制度的优越性，着力构建集约化、专业化、组织化、社会化相结合的新型农业经营体系，进一步解放和发展农村社会生产力。

这一时期，农村改革的主旋律是“多予、少取、放活”，农村综合改革逐步深化，支农惠农政策不断加强。但长期的城市偏向的发展战略，导致农村经济发展的长期失血，农业比较效益低下的状态没有根本改革，农村经济发展的内生造血机制还没有形成，农村改革和农业发展转型的目标还任重道远。从1978—2013年中央一号文件下发情况见表3－1。

表3－1　1978—2013年15个中央一号文件

序号	发布时间	文件名称	主要政策
1	1982年	《全国农村工作会议纪要》	指出包产到户、包干到户或大包干“都是社会主义生产责任制”，是社会主义农业经济的组成部分。
2	1983年	《当前农村经济政策的若干问题》	家庭联产承包责任制“是在党的领导下中国农民的伟大创造，是马克思主义农业合作化理论在我国实践中的新发展”。
3	1984年	《关于一九八四年农村工作的通知》	强调要继续稳定和完善联产承包责任制，规定土地承包期一般应在15年以上，生产周期长的和开发性的项目，承包期应当更长一些。
4	1985年	《关于进一步活跃农村经济的十项政策》	取消了30年来农副产品统购派购的制度，对粮、棉等少数重要产品采取国家计划合同收购的新政策。
5	1986年	《关于一九八六年农村工作的部署》	肯定了农村改革的方针政策是正确的，必须继续贯彻执行。
6	2004年	《关于促进农民增加收入若干政策的意见》	针对全国农民人均纯收入连续增长缓慢问题提出系列政策。
7	2005年	《关于进一步加强农村工作提高农业综合生产能力若干政策的意见》	坚持“多予少取放活”的方针，稳定、完善和强化各项支农政策。
8	2006年	《关于推进社会主义新农村建设的若干意见》	将社会主义新农村建设作为农村改革重大历史任务。

续表

序号	发布时间	文件名称	主要政策
9	2007年	《关于积极发展现代农业扎实推进社会主义新农村建设的若干意见》	将发展现代农业作为社会主义新农村建设的首要任务，提出要用现代物质条件装备农业、用现代科学技术改造农业、用现代产业体系提升农业、用现代经营形式推进农业、用现代发展理念引领农业、用培养新型农民发展农业。
10	2008年	《关于切实加强农业基础建设进一步促进农业发展农民增收的若干意见》	提出加快构建强化农业基础的长效机制，切实保障主要农产品基本供给，突出抓好农业基础设施建设，着力强化农业科技和服务体系基本支撑，逐步提高农村基本公共服务水平，稳定完善农村基本经营制度和深化农村改革，扎实推进农村基层组织建设。
11	2009年	《关于2009年促进农业稳定发展农民持续增收的若干意见》	指出扩大国内需求，最大潜力在农村；实现经济平稳较快发展，基础支撑在农业；保障和改善民生，重点难点在农民。提出加大对农业的支持保护力度，稳定发展农业生产，强化现代农业物质支撑和服务体系，稳定完善农村基本经营制度，推进城乡经济社会发展一体化。
12	2010年	《关于加大统筹城乡发展力度进一步夯实农业农村发展基础的若干意见》	提出在保持政策连续性、稳定性的基础上，进一步完善、强化三农工作政策，对三农投入首次强调“总量持续增加、比例稳步提高”。
13	2011年	《关于加快水利改革发展的决定》	是新中国成立62年来中央文件首次对水利工作进行全面部署。
14	2012年	《关于加快推进农业科技创新持续增强农产品供给保障能力的若干意见》	文件把推进农业科技创新作为“三农”工作的重点。
15	2013年	《关于加快发展现代农业，进一步增强农村发展活力的若干意见》	把城乡发展一体化作为解决“三农”问题的根本途径，统筹协调促进工业化、信息化、城镇化、农业现代化同步发展，着力强化现代农业基础支撑，充分发挥农村基本经营制度的优越性，着力构建集约化、专业化、组织化、社会化相结合的新型农业经营体系，进一步解放和发展农村社会生产力。

第二节　中国农村改革与农业发展转型面临的挑战

“农，天下之本，务莫大焉”①。1978 年以来，中国农业和农村改革取得了举世瞩目的成绩，但存在的问题也不容忽视。当前，中国农业基础薄弱、农业经济效益低下、农业发展方式粗放的局面尚未根本转变。有四个“并存”令人困惑：农民收入快速增长与城乡收入差距居高不下并存、农村劳动力资源枯竭与农村人口大量外流并存、土地资源日趋紧张与土地大量撂荒并存、农产品产量持续增长与农产品缺口持续扩大并存。这些问题给中国农村改革与农业发展转型带来了巨大挑战。

一、部分地区农业和农村处于被“放弃”或“忽视”的状态，中国农村的空心化越来越突出

改革开放以来，尤其是 1984 年以后，偏向城市的发展战略，对农业和农村发展产生了严重的抑制效应。不少农民走出农村，走向城市，以农民工的方式在城市“分一杯羹”。作为农村经济主体的农民对农业和农村产生了一种挥之不去的“失望”心理，农业和农村在一定程度上处于被“放弃”或“忽视”的状态。农村，尤其是西部地区的农村，因大量农民工外出，“人才空心化”问题十分突出。留守农村的劳动力多是老人，文化程度低，接受新技术能力弱，许多人看不懂种子、农药、肥料的使用说明书，农业技术推广十分困难。第二次全国农业普查显示，全国农业从业人员中 50 岁以上的占 32.5%，中西部一些地区甚至 80% 的农民都是 50—70 岁的老人，农业劳动力中初中及以下文化程度者所占比重高达 95%。根据李敬（2012）在重庆市的田野调查，当前农业劳动力平均年龄高达 67 岁。中国农业劳动力的素质呈结构性下降，用工成本迅速上涨，依靠低成本劳动力支撑现代农业发展的空间逐

① 出自《史记·文帝本纪》。

渐减小（陈萌山，2012）。国土资源部的数据显示，我国每年撂荒的耕地近3000万亩。（陈锡文，2010）指出，统筹城乡发展的目的，就是要加快各种要素向农村转移，帮助农村更快地发展。然而目前农村人才的空心化、农村产业的空心化、土地利用的空心化、农村资本的空心化十分严重，导致城乡统筹进入困局，如不加速农业发展方式的转变，中国良好的经济增长局面将无法维持。

二、中国现在的农业发展方式一定程度上是以牺牲未来的土壤资源、自然环境为代价的，中国农业发展方式具有明显的粗放特征

中国的农业资源越来越紧缺。中国现有耕地18.26亿亩，其中中低产田占2/3。从1996年到2008年，中国的耕地面积减少了833.3万公顷。目前，中国人均土地资源仅仅是世界平均水平的40%，水资源和森林资源仅仅是世界平均水平的1/4。在这种资源状态下，化肥、农药等投入是全世界规模最大的，然而其利用效率又非常低。中国化肥的利用率仅仅35%，农药的利用率仅仅30%，水的利用率只有40%，有效灌溉面积只有48%（张红宇，2007）。中国农业增长的科技含量很低，来自科技进步的贡献大约为52%，而一般发达国家在75%以上；中国农机使用率只有50%，手工劳动依然占有一半。主要依靠增加投入获得增长的农业生产方式不仅带来了资源浪费，还带来了巨大污染。全国污染源的普查结果显示，COD的排放，农业占到47%；氮和磷的排放，农业占到50%以上。中国现在的农业发展一定程度上是以牺牲未来的土壤资源、自然环境为代价的（陈锡文，2010，2011）。从当前和未来发展看，耕地、淡水等资源的刚性约束进一步加剧，生态环境保护的压力越来越大，依靠大量消耗资源的传统生产方式已难以为继（陈萌山，2012）。“地不可不力也，用不可不节也”①。中国农业资源枯竭的态势

① 出自《墨子·七患》。

警醒我们，中国的农业发展方式已不得不加速转型了。

三、目前国内农产品生产已不能满足需求，进口依赖度逐年增大，我们现在的生活“超出了自身资源和农业生产水平”

中国现在的资源和生产条件保证不了13.7亿人口高品质的生活。目前中国粮食有10%的供给缺口，土地产能缺口高达20%（陈锡文，2012）。据海关统计，2010年我国进口粮食（包括谷物及谷物粉、豆类、淀粉块茎及薯类）6695.5万吨，比上年增长28.2%；价值280.8亿美元，比上年增长35.6%。同期，我国出口粮食275.1万吨，价值18.5亿美元，分别比上年下降16.2%和7.3%。2010年我国粮食净进口量为6420.4万吨，同比增长31.2%。2010年，我国自美国进口粮食2529.8万吨，增长13.8%，占同期我国粮食进口总量的37.8%；自巴西的粮食进口1858.9万吨，增长16.2%，占27.8%；自阿根廷的粮食进口1119.1万吨，增长2倍，占16.7%；自澳大利亚进口粮食225.7万吨，增长88.4%。近年来，部分农产品的进口数量与日俱增，备受关注的三大农产品大豆、植物油、棉花这几年的进口量都相当大。除此之外，国内消费的木材40%靠进口，木浆70%以上进口，天然橡胶75%以上进口，纺织用细羊毛80%靠进口。也就是说，我们现在的生活是超出自身资源和农业生产水平的（陈锡文，2009）。而国际上“不断上涨的粮价，已经将世界逼迫到危险的边缘”（佐利克，2011）。国际形势警告我们，加速中国农业发展方式转变已迫在眉睫。

第三节　农村改革与农业发展转型背景下中国农产品质量安全影响因素的理论模型

1978年以来的农村改革和农业发展转型，没有从根本上解决农村和农业的协调可持续发展问题，甚至在一定程度上加重了农业用地的短缺、农村劳动力的流失、生态环境的恶化、城乡差距的扩大。这些问题对农产品安全造成的直接后果是，一方面农产品数量短缺，进口依赖度大，无法自给；另一方面，农产品质量和品质下降，质量安全无法得到有效保障。下面建立一个理论模型进行分析。

一、生产函数的设定

假定安全的农业生产函数为：

$$Y_a = AK^{\alpha}L^{\beta}S^{\delta} \tag{3.1}$$

其中 Y_a 为安全的农产品产量，A 为生产技术，K 为投入的资本，L 为投入的劳动力，S 为投入的土地。设定安全生产的成本为 C_a 。

而存在质量安全问题的农产品生产，往往以次充好，以相对少的资本、劳动力和土地投入，而追求相对更高的产出。因此，存在质量安全问题的农业生产函数可以设定为：

$$Y_b = AK^{\alpha}L^{\beta}S^{\delta} + \theta = (Y_a + \theta) \tag{3.2}$$

其中 Y_b 为存在质量安全问题的农产品产量，A 为生产技术，K 为投入的资本，L 为投入的劳动力，S 为投入的土地，θ 为以次充好牺牲质量的额外产出。设定存在质量安全问题的农业生产的成本为 $C_a + C_b$ ，其中 C_b 是以次充好牺牲质量的额外成本，比如过量施用的农药和化肥的成本投入。

二、中国农产品质量安全影响因素的博弈分析

假定存在质量安全问题的农产品被检出的概率为 $1-\rho$ ，当被检出时，农产品被没收；不被检验出的概率为 ρ $(0<\rho<1)$，农产品价格为 P 。

由于农产品的消费弹性很小，假定全社会农产品的消费量为 U_0 。生产的总产量如果超出 U_0 ，则不能产生交易，造成生产浪费，不能产生回报。

当劳动力、土地等生产资料充裕时，$Y_a = AK^{\alpha}L^{\beta}S^{\delta} \geqslant U_0$，此时，安全生产的收入为：

$$W_a = PU_0 - C_a \tag{3.3}$$

存在质量安全问题的农产品生产收入为：

$$W_b = \rho PU_0 - C_a - C_b \tag{3.4}$$

因此，$W_b < W_a$，不存在不安全生产的可能。

当劳动力、土地等生产资料不充裕时，比如城市扩张，使耕地减少，劳动力过度向城市转移，则，$Y_a = AK^{\alpha}L^{\beta}S^{\delta} < Y_b \leqslant U_0$，则形成生产缺口：

安全生产的收入为：

$$W_a = PY_a - C_a \tag{3.5}$$

造假的收入为：

$$W_b = \rho PY_b - C_a - C_b = \rho P * (Y_a + \theta) - C_a - C_b \tag{3.6}$$

存在质量安全问题的生产条件是，$W_b > W_a$，即：

$$\rho P * (Y_a + \theta) - C_a - C_b > PY_a - C_a \tag{3.7}$$

当农村的农业生产者其家庭收入较低进，在农村又无其他收入来源的情况下，则农业生产者会追求更高的 W_b。因此在城乡收入差距过大，农民收入更低的情况下，选择存在质量安全问题的生产动机越强，农产品质量安全问题会更加严重。

根据（3.6）和（3.7）式，可得：

$$PY_a * (\rho - 1) + \rho P\theta - C_b > 0 \tag{3.8}$$

将 $Y_a = AK^{\alpha}L^{\beta}S^{\delta}$ 代入式（3.8），即得：

$$PAK^{\alpha}L^{\beta}S^{\delta} * (\rho - 1) + \rho P\theta - C_b > 0 \tag{3.9}$$

令 $F = PAK^{\alpha}L^{\beta}S^{\delta} * (\rho - 1) + \rho P\theta - C_b > 0$

根据式（3.9），由于 $0 < \rho < 1$，则：

$$\frac{\partial F}{\partial L} = PA\alpha\beta K^{\alpha}L^{\beta-1}S^{\delta} * (\rho - 1) < 0 \tag{3.10}$$

说明劳动力越短缺，选择存在质量安全问题的生产动机越强。

根据式（3.9），则：

$$\frac{\partial F}{\partial S} = PA\alpha\theta K^{\alpha}L^{\beta}S^{\delta-1} * (\rho - 1) < 0 \tag{3.11}$$

说明土地资源越短缺，选择存在质量安全问题的生产动机越强。

根据式（3.9），在选择存在质量安全问题的生产情况下，必须有现金收入高于安全生产的收入，$\rho PY_b > PY_a$，所以：

$$\frac{\partial F}{\partial P} = \rho Y_b - Y_a > 0 \tag{3.12}$$

说明，农产品价格越高，选择存在质量安全问题的生产动机越强。

根据式（3.9），则：

$$\frac{\partial F}{\partial \theta} = \rho P > 0 \tag{3.13}$$

说明，存在质量安全问题的生产产出越高，选择存在质量安全问题的生产动机越强。

根据式（3.9），则：

$$\frac{\partial F}{\partial \rho} = PY_b > 0 \tag{3.14}$$

说明，存在质量安全问题的产品不被检出的概率越高，监管力度越弱，选择存在质量安全问题的生产动机越强。

根据以上分析，从中国农村改革和农业发展转型的角度来看，加重农产品质量安全问题的主要因素有：城乡收入差距扩大、农业劳动力减少、农业土地投入减少、农产品价格上涨。从农产品质量监管的角度看，农产品质量监管力度对农产品质量安全问题具有重要影响。

第四节　中国农产品质量安全影响因素的实证分析——基于空间杜宾模型

一、国内外相关研究综述

在频发农产品质量安全事故的背景下，影响农产品质量安全的因素问题逐渐成为国内外众多学者共同关注的重要问题。大多数学者主要倾向于三个方面的因素：产地环境因素、技术因素和体制因素。对于产地环境因素方面，丁文雅（2011）认为产地环境是影响农产品质量安全的重要因素，而杨艳涛（2008）更进一步得出产地环境是通过生物性、化学性的污染影响农产品质量安全的。对于技术因素方面，Tim A. Hogg、José A. Couto、Paula Teixeira 和 F. Xavier Malcata（2008）认为可以通过提高食品有关的技术，如加工、包装和分销等来减少危害。Keun Taik Lee（2010）则认为包装材料对肉类农产品质量安全影响很大，主张利用新技术如活性包装技术，纳米技术，微穿孔等研发新型包装材料，如阻隔膜。在体制因素方面，Meizhang 和 Xiangyu Guo（2010）认为分散的农民生产模式，不能提供生产安全产品所需的技术、资金和人力管理成本等，而农业合作社是一种控制农产品质量安全的有效载体。而 Shaosheng Jin 和 Jiehong Zhou（2011）更深入提出农业合作社的规模、信誉，及农业合作社对质量安全标准的认知程度和态度等因素会影响农产品质量安全。Jiehong Zhou、Jensen H. Helen 和 Jing Liang（2011）实证发现为提高农产品质量安全，蔬菜加工企业采用质量安全标准，而企业对农产品质量安全标准的采用程度与企业的规模、出口市场、培训的频率、品牌等有紧密关系。杨艳涛（2008）认为检测和认证体系不完善，安全预警系统和可追溯制度没有建立，管理体制上存在分段管理监督和多头管理的制度缺陷是影响农产品质量安全的原因。关于安全预警系统，Gijs A. Kleter 和 Hans J. P. Marvin（2009）提出应该建立一套通用的指标用于农产品灾害的早期识别。除此之外，少部分学者还提出其他影响农产品质量安全的因素，如供应链一体化程度（汪普庆、周德翼和吕志轩，2009）；农业产业化、农产品价格（虞淼和郭利丰，2011）；安全农产品的相对价格、生产规模、政府补贴、农业技术人员指导、农民的年龄和家庭收入（Xiong Ying 和 Luo Min，2011）。这些研究从一些侧面分析了影响农产品质量安全的多方面因素。但鲜有充分考虑从中国农村改革和农业发展转型的角度来实证分析农产品质量安全的影响因素。同时这些研究也没有考虑农产品质量安全的空间影响。

二、实证模型建立

在第三节，我们建立了农村改革与农业发展转型背景下中国农产品质量安全影响因素的理论模型。在农村改革的大背景下，各地区农村经济在开放条件下的互动特征更加明显，加之生态影响的外部性和农业生产的特殊区域性，各地区农村生产要素和农产品质量安全特征的邻近影响效应越来越明显。因此，本研究将空间影响纳入实证之中，选择相应的空间面板模型作为实证模型。

根据空间影响的差异，有三类空间面板模型可供选择。一类是空间面板滞后模型（Pooled Model with Spatially Lagged Dependent Variable）。这类模型考虑了其他相邻地区的农产品质量安全对本地区的被解释变量农产品质量安全有影响，具体模型可表示为：

$$QF_{it} = \delta \sum_{j=1}^{N} W_{ij} QF_{jt} + \alpha + X_{it}\beta + \varepsilon_{it} \qquad (3.15)$$

式（3.15）中 QF_{it} 为 i 地区的农产品质量安全水平，QF_{jt} 为其他地区的农产品质量安全水平，W_{ij} 为空间权重矩阵，δ 为反映空间影响的空间自回归系数，X_{it} 为影响农产品质量安全水平的其他影响，β 是影响因素的回归系数向量，ε_{it} 是残差。

第二类是空间误差自回归模型（Spatial Error Model）。这类模型考虑了其他未列出的变量和冲击即误差项受相邻地区的误差项影响。具体模型可表示为：

$$QF_{it} = \alpha + X_{it}\beta + \xi_{it} \qquad \xi_{it} = \lambda \sum_{j=1}^{N} W_{ij}\xi_{jt} + \varepsilon_{it} \qquad (3.16)$$

式（3.16）中 QF_{it} 为 i 地区的农产品质量安全水平，X_{it} 为影响农产品质量安全水平的其他影响因素，β 是影响因素的回归系数向量，ξ_{it} 是没有考虑空间影响的误差项，W_{ij} 为空间权重矩阵，λ 为反映空间影响的空间自回归系数，ε_{it} 是残差。

第三类是空间杜宾模型（Spatial Durbin Model）。空间杜宾模型是在空间滞后模型的基础上，考虑了其他地区的某自变量可能对因变量产生的影响。具体模型可表示为：

$$QF_{it} = \delta \sum_{j=1}^{N} W_{ij} QF_{jt} + \alpha + X_{it}\beta + \sum_{j=1}^{N} W_{ij} X_{jt}\theta + \varepsilon_{it} \tag{3.17}$$

式（3.17）中 QF_{it} 为 i 地区的农产品质量安全水平，QF_{jt} 为其他地区的农产品质量安全水平，W_{ij} 为空间权重矩阵，δ 为反映空间影响的空间自回归系数，X_{it} 为影响农产品质量安全水平的其他影响因素，β 是影响因素的回归系数向量，θ 为其他地区自变量的空间影响系数，ε_{it} 是残差。

LeSage 和 Pace（2009）的研究发现，如果一些没有观察到的变量，服从一阶空间自回归，而被模型所忽略，这些变量又与模型中的自变量相关，则一般的空间滞后模型的估计结果是有偏的。而在一般的空间滞后模型基础上，加上自变量的空间自回归，即空间杜宾模型，其估计是无偏的。即使数据服从于空间误差自回归，空间杜宾模型的估计也是无偏的。因此，本研究拟采用空间杜宾模型进行实证分析。同时，考虑到中国西部地区和其他地区经济社会条件的巨大差异，空间自回归影响可能存在显著的差异，反映空间影响的空间自回归系数在西部地区可能存在明显不同，因此，在实证中我们选择双状态（用虚拟变量将样本分为两个子样本）的空间杜宾模型（Two - Regime Spatial Durbin Model），具体模型可表示为：

$$QF_{it} = \delta_1 d_{it} \sum_{j=1}^{N} W_{ij} QF_{jt} + \delta_2 (1 - d_{it}) \sum_{j=1}^{N} W_{ij} QF_{jt} + \alpha + X_{it}\beta + \sum_{j=1}^{N} W_{ij} X_{jt}\theta + \varepsilon_{it} \tag{3.18}$$

式（3.18）中 QF_{it} 为 i 地区的农村金融发展水平，QF_{jt} 为其他地区的农村金融发展水平，W_{ij} 为空间权重矩阵，d_{it} 是代表西部地区的虚拟变量，δ_1 为反映西部地区空间影响的空间自回归系数，δ_2 为反映东部和中部地区空间影响的空间自回归系数，X_{it} 为影响农产品质量安全水平的其他影响因素，β 是影响因素的回归系数向量，θ 为其他地区自变量的空间影响系数，ε_{it} 是残差。

三、变量与数据选择

根据第三节的研究结论，从中国农村改革和农业发展转型的角度来看，加重农产品质量安全问题的主要因素有城乡收入差距扩大、农业劳动力减少、农业土地投入减少、农产品价格上涨。本研究用城镇居民人均收入与农民人均纯收入之比来反映城乡收入差距（CXCJ），用农业从业人员与全部从业人员之比（NYCYRY）来反映农业劳动力的投入状况，用人均播种面积（RJBZMJ）反映农业土地投入状况，用农产品物价指数（WJ）反映农产品价格情况。

将以上变量代入式（3.18），并选择半对数模型，最终的实证模型为：

$$\begin{aligned} \mathrm{Log}(QF_{it}) = {} & \delta_1 d_{it} \sum_{j=1}^{N} W_{ij} QF_{jt} + \delta_2 (1 - d_{it}) \sum_{j=1}^{N} W_{ij} QF_{jt} + \alpha + \\ & \beta_1 CXCJ_{it} + \beta_2 NYCYRY_{it} + \beta_3 RJBZMJ_{it} + \beta_4 WJ_{it} + \\ & \sum_{j=1}^{N} W_{ij} (CXCJ, NYCYRY, RJBZMJ, WJ)_{jt} \theta + \varepsilon_{it} \end{aligned} \tag{3.19}$$

根据数据的可得性，本研究运用1997—2010年的省际面板数据进行实证分析。W_{ij} 空间权重矩阵根据各省市区之间的物理相邻情况生成，相邻则取1，否则取值为0。农产品质量安全水平（QF_{it}）运用第二章的测算数据，其他所有数据来源于各年度的《中国统计年鉴》。

四、实证分析

首先进行LR检验，以确定空间面板模型是固定效应还是随机效应。结果显示，LR - test joint significance spatial fixed effects 值为999.2772，LR - test significance spatial random effects 值为804.4606，在1%的水平上显著，说明面板模型具有显著的空间固定效应。然后基于式（3.19），选择具有空间固定效应的双状态空间杜宾模型（Two - Regime Spatial Durbin

Model)，实证结果见表3－2。模型R－squared达到0.9622，拟合度较高，模型的似然对数值159.9464，因此整个模型是可以接受的。

表3－2　具有空间固定效应的双状态空间杜宾模型估计结果

变量	回归系数	Asymptot T值	z－概率值
NYCYRY	－0.6577	－2.0588	0.0395
WJ	0.0230	2.9168	0.0035
CXCJ	0.1754	4.0681	0.0000
RJBZMJ	－0.1869	－23.3782	0.0000
W * *NYCYRY*	－0.3019	－0.8133	0.4160
W * *WJ*	－0.0188	－2.1720	0.0299
W * *CXCJ*	－0.0208	－0.3536	0.7236
W * *RJBZMJ*	0.0438	1.8901	0.0587
Regime1	0.3161	4.3302	0.0000
Regime2	0.3185	3.6901	0.0002

相关检验指标：R－squared ＝0.9622；Rbar－squared ＝0.9581；sigma^2 ＝0.0259；log－likelihood ＝159.9464；Difference rho1－rho2 and T－value ＝ －0.0024，－0.0244

实证结果表明，农业从业人员的比例*NYCYRY*的回归系数为－0.6577，在5%的显著水平上通过检验，说明农业从业人员的比例越高，过度施用农药和化肥的可能越小，农产品质量安全水平越高，这与理论模型的分析是一致的；同时说明，农业劳动力的过度流失对农产品质量安全是不利的。农产品价格指数*WJ*的回归系数为0.0230，在1%的显著水平上通过检验，说明农产品价格越高，农业生产者的趋利动机得到放大，过度施用农药和化肥的可能性越大，农产品质量安全水平越低。城乡收入差距*CXCJ*的回归系数为0.1754，在1%的显著水平上通过检验，说明城乡收入差距越大，在农村的农业生产者的相对收入越低，则其铤而走险的可能性就越大，农产品质量安全水平越低。人均播种面积*RJBZMJ*的回归系数为－0.1869，在1%的显著水平上通过检验，说明在农业生产中土地相对宽裕、投入量越多，过度施用农药和化肥的可能性越小，农产品质量安全水平越高。

根据实证结果，发现反映西部地区空间影响的空间自回归系数 δ_1 为 0.3161，在 1% 的水平上通过显著性检验，说明西部地区各省市区之间农产品质量安全水平具有空间上的负外部性。而反映东部及中部地区的自回归系数 δ_2 为 0.3185，在 1% 的水平上通过显著性检验，说明东部地区各省市区之间农产品质量安全水平同样具有空间上的负外部性。而且这种负外部性中东部地区略高于西部地区，说明经济发展水平越高，各省市区之间空间负外部性作用更强。呈现这一现象的可能原因是，各地区适用于农业生产的生态环境和地理环境的破坏具有邻近空间上的关联性和负外部性。例如，一个地区如果农药用量多，可能将农作物的病虫“驱赶”到相邻的地区，相邻地区也不得不施用更多的农药。同时，相邻地区的农业生产者在生产手段和方法更容易相关模仿，一个地区坏的榜样很容易被相邻地区“跟风”。

W * *NYCYRY* 的回归系数为 -0.3019，说明本地区的农业从业人员越多，则会减少相邻地区的农产品质量安全风险。可能的原因是，本地区的农业从业人员越多可以到相邻地区农业家庭“帮工”，可以减少相邻地区农药和化肥的施用量。但由于中国大量的农村劳动力外出务工，各地区能够去“帮工”的农业从业人员数量本身是有限的，因此 W * *NYCYRY* 的回归系数并不显著。W * *WJ* 的回归系数为 -0.0188，在 5% 的水平上通过显著性检验，其原因在于本地区的农产品价格高是相对邻近地区而言的，邻近地区的农产品价格相对较低，则会弱化相邻地区农业生产者的趋利动机，降低相邻地区农产品质量风险。W * *CXCJ* 的回归系数为 -0.0208，其作用原理与农产品价格相似，但 W * *CXCJ* 的回归系数没有通过显著性检验，说明其效应不显著。W * *RJBZMJ* 的回归系数为 0.0438，其原因在于本地区的农村土地投入相对较多是与邻近地区比较而言，邻近地区的农村土地投入相对较少，则相邻地区农药和化肥的施用量会相对增加。由于 W * *RJBZMJ* 的回归系数没有通过显著性检验，因此这种效应也是不显著的。

第五节 本章小结

本章回顾了1978年以来中国农村改革与农业发展转型的历史轨迹，从理论上分析了中国农村改革与农业发展转型存在的问题以及由此对农产品质量安全的影响，然后建立了农产品质量安全影响因素的理论模型，并基于空间Durbin模型进行了实证分析。

（1）1978年以来，中国农业和农村改革取得了举世瞩目的成绩，但存在的问题也不容忽视。当前，中国农业基础薄弱、农业经济效益低下、农业发展方式粗放的局面尚未根本转变。有四个“并存”令人困惑：农民收入快速增长与城乡收入差距居高不下并存、农村劳动力资源枯竭与农村人口大量外流并存、土地资源日趋紧张与土地大量撂荒并存、农产品产量持续增长与农产品缺口持续扩大并存。这些问题给中国农村改革与农业发展转型带来了巨大挑战。研究发现，部分地区农业和农村处于被“放弃”或“忽视”的状态，中国农村的空心化越来越突出；中国现在的农业发展方式一定程度上是以牺牲未来的土壤资源、自然环境为代价的，中国农业发展方式具有明显的粗放特征；目前国内农产品生产已不能满足需求，进口依赖度逐年增大，我们现在的生活“超出了自身资源和农业生产水平”。

（2）从中国农村改革和农业发展转型的角度来看，影响农产品质量安全的主要因素有城乡收入差距扩大、农业劳动力减少、农业土地投入减少、农产品价格波动。1978年以来的农村改革和农业发展转型，没有从根本上解决农村和农业的协调可持续发展问题，甚至在一定程度上加重了农业用地的短缺、农村劳动力的流失、生态环境的恶化、城乡差距的扩大。从中国农村改革和农业发展转型的角度来看，加重农产品质量安全问题的主要因素有：城乡收入差距扩大、农业劳动力减少、农业土地投入减少、农产品价格上涨。空间Durbin模型显示，农业从业

人员的比例 *NYCYRY* 的回归系数为 -0.6577，在5%的显著水平上通过检验，说明农业从业人员的比例越高，过度施用农药和化肥的可能越小，农产品质量安全水平越高；同时说明农业劳动力的过度流失对农产品质量安全是不利的。农产品价格指数 *WJ* 的回归系数为 0.0230，在1%的显著水平上通过检验，说明农产品价格越高，农业生产者的趋利动机得到放大，过度施用农药和化肥的可能性越大，农产品质量安全水平越低。城乡收入差距 *CXCJ* 的回归系数为 0.1754，在1%的显著水平上通过检验，说明城乡收入差距越大，在农村的农业生产者的相对收入越低，则其“铤而走险”的可能性就越大，农产品质量安全水平越低。人均播种面积 *RJBZMJ* 的回归系数为 -0.1869，在1%的显著水平上通过检验，说明在农业生产中土地相对宽裕、投入量越多，过度施用农药和化肥的可能性越小，农产品质量安全水平越高。

（3）各地区农产品质量安全具有明显的空间效应。研究发现，反映西部地区空间影响的空间自回归系数 δ_1 为 0.3161，在1%的水平上通过显著性检验，说明西部地区各省市区之间农产品质量安全水平具有空间上的负外部性。而反映东部及中部地区的自回归系数 δ_2 为 0.3185，在1%的水平上通过显著性检验，说明东部地区各省市区之间农产品质量安全水平同样具有空间上的负外部性。而且这种负外部性中东部地区略高于西部地区，说明经济发展水平越高，各省市区之间空间负外部性作用更强。呈现这一现象的可能原因是，各地区适用于农业生产的生态环境和地理环境的破坏具有邻近空间上的关联性和负外部性。例如，一个地区如果农药用量多，可能将农作物的病虫“驱赶”到相邻的地区，相邻地区也不得不施用更多的农药。同时，相邻地区的农业生产者在生产手段和方法上更容易相关模仿，一个地区坏的榜样很容易被相邻地区“跟风”。农业从业人员的数量、农产品价格、城乡收入差距、农村土地投入对相邻地区农产品质量安全均有一定程度影响。

第四章　中国农产品质量安全保障体系的建设现状

只有对现状进行深入的把握，才能提出科学有效的决策建议。本章主要根据《中华人民共和国农产品质量安全法》，从农产品生产与供给体系、农产品质量标准与认证体系、农产品质量检测与监督体系、农产品质量风险评估与预警体系四个方面来介绍中国农产品质量安全体系建设的现状。

第一节 中国农产品质量安全体系建设的法律依据

农产品质量安全维系着每一位公民的生命健康权。为此，从中央到地方各级政府十分重视和加强农产品质量安全体系建设。2002 年 12 月 28 日，第九届全国人民代表大会常务委员会第三十一次会议修订了《中华人民共和国农业法》，从农业生产、农产品流通与加工、农业投入与支持保护、农业科技与农业教育五个方面要求抓好农产品质量安全。2006 年 4 月 29 日，中华人民共和国第十届全国人民代表大会常务委员会第二十一次会议通过，《中华人民共和国农产品质量安全法》，该法案规定了农产品质量安全的标准，并从农产品产地、生产、包装和标识、监督检查四个方面来保障农产品质量安全。2009 年 2 月 28 日，中华人民共和国第十一届全国人民代表大会常务委员会第七次会议通过了《中华人民共和国食品安全法》，该法案从食品安全风险监测和评估、食品安全标准、食品生产经营、食品检验、食品进出口、食品安全事故处置、监督管理等七个方面提出保证食品安全的强制规定。

第二节　中国农产品生产和供给体系的建设现状

生产与供给体系是农产品质量安全隐患产生的源头。《中华人民共和国农产品质量安全法》的第三章、第四章和第五章分别从农产品产地、农产品生产和农产品包装和标识三方面规定了我国农产品生产和供给体系的核心内容和运行机制。

一、优化农业生产的环境，加强农产品的产地管理，建立农产品产地的质量安全控制体系

具体内容主要包括：

（1）禁止在不安全的环境中进行农业生产。《中华人民共和国农产品质量安全法》的第三章第十五条规定，“县级以上地方人民政府农业行政主管部门按照保障农产品质量安全的要求，根据农产品品种特性和生产区域大气、土壤、水体中有毒有害物质状况等因素，认为不适宜特定农产品生产的，提出禁止生产的区域，报本级人民政府批准后公布”；县级以上人民政府应当采取措施，加强农产品基地建设，改善农产品的生产条件。同时第十七条规定，禁止在有毒有害物质超过规定标准的区域生产、捕捞、采集食用农产品和建立农产品生产基地。

（2）建立优质农业生产基地，优化农业生产的环境。《中华人民共和国农产品质量安全法》第十六条规定，县级以上人民政府应当采取措施，加强农产品基地建设，改善农产品的生产条件。县级以上人民政府农业行政主管部门应当采取措施，推进保障农产品质量安全的标准化生产综合示范区、示范农场、养殖小区和无规定动植物疫病区的建设。同时第十八条规定，禁止违反法律、法规的规定向农产品产地排放或者倾倒废水、废气、固体废物或者其他有毒有害物质。第十

九条规定农产品生产者应当合理使用化肥、农药、兽药、农用薄膜等化工产品，防止对农产品产地造成污染。为了减少农产品生产过程对农产品生产环境的影响，各地区进行了不少创新。如云南各州市积极推广农作物病虫害防治新技术，如宾川县、元谋县推广运用频振式物理杀虫灯，运用物理防治与生物防治相结合的清洁技术方法，有效保证了农产品质量安全。

农产品产地环境安全是农产品质量安全的基本保障。为了加大产地环境的保护力度，农业部制定了《农产品产地安全管理办法》，全国23个省（区，市）也颁布了《农业环境保护条例》。

二、规范农业生产流程，加强农业生产技术与投入品管理，建立农产品生产的质量安全管控体系

具体内容是：

（1）建立农业安全生产技术规程。《中华人民共和国农产品质量安全法》第二十条规定，国务院农业行政主管部门和省、自治区、直辖市人民政府农业行政主管部门应当制定保障农产品质量安全的生产技术要求和操作规程；县级以上人民政府农业行政主管部门应当加强对农产品生产的指导。第二十三条规定，农业科研教育机构和农业技术推广机构应当加强对农产品生产者质量安全知识和技能的培训。第二十四条规定，农产品生产企业和农民专业合作经济组织应当建立农产品生产记录，农产品生产记录应当保存2年。

（2）严格农业投入品的管理。《中华人民共和国农产品质量安全法》第二十一条规定，对可能影响农产品质量安全的农药、兽药、饲料和饲料添加剂、肥料、兽医器械，依照有关法律、行政法规的规定实行许可制度；国务院农业行政主管部门和省、自治区、直辖市人民政府农业行政主管部门应当定期对可能危及农产品质量安全的农药、兽药、饲料和饲料添加剂、肥料等农业投入品进行监督抽查，并公布抽查结果。第二十二条规定，县级以上人民政府农业行政主管部门应当加强对

农业投入品使用的管理和指导，建立健全农业投入品的安全使用制度。同时第二十五条规定，农产品生产者应当按照法律、行政法规和国务院农业行政主管部门的规定，合理使用农业投入品，严格执行农业投入品使用安全间隔期或者休药期的规定，禁止在农产品生产过程中使用国家明令禁止使用的农业投入品。近年来，农业部陆续开展了农药及农药残留、兽药及兽药残留、饲料及饲料添加剂、水产品中药物残留专项监控计划，深入开展农药、兽药、饲料及饲料添加剂执法检查，严厉查处违法销售、使用禁用药物和化学物质的行为。2007 年 1 月 1 日起，国家全面禁止甲胺磷等 5 种高毒农药在国内的销售和使用。各级农业部门积极采取措施，开展 5 种禁用高毒农药的查获收缴工作。上半年全国农业部门共查获收缴 5 种禁用高毒农药 488.7 吨，从源头上保障了农产品质量安全（农业部，2010）。

三、健全农产品标识制度，加强农产品包装和标识管理，建立农产品标识质量安全控制体系

具体内容是：

（1）强化标识行为。《中华人民共和国农产品质量安全法》第二十八条规定“农产品生产企业、农民专业合作经济组织以及从事农产品收购的单位或者个人销售的农产品，按照规定应当包装或者附加标识的，须经包装或者附加标识后方可销售。包装物或者标识上应当按照规定标明产品的品名、产地、生产者、生产日期、保质期、产品质量等级等内容；使用添加剂的，还应当按照规定标明添加剂的名称。具体办法由国务院农业行政主管部门制定。”第三十一条规定，“依法需要实施检疫的动植物及其产品，应当附具检疫合格标志、检疫合格证明”。

（2）规范标识内容。《中华人民共和国农产品质量安全法》第三十条规定，属于农业转基因生物的农产品，应当按照农业转基因生物安全管理的有关规定进行标识；第三十二条规定，销售的农产品必须符合农产品质量安全标准，生产者可以申请使用无公害农产品标志。农产品质

量符合国家规定的有关优质农产品标准的，生产者可以申请使用相应的农产品质量标志。

（3）强化包装管理。《中华人民共和国农产品质量安全法》第二十九条规定，农产品在包装、保鲜、贮存、运输中所使用的保鲜剂、防腐剂、添加剂等材料，应当符合国家有关强制性的技术规范。

第三节　农产品质量标准和认证体系建设现状

农业生产大多是非工厂化生产，质量标准不如工业品容易界定。但如果没有质量标准，农产品质量监管就无本可依。因此，各个国家都将农产品质量标准和认证体系的建设放在十分突出的位置。我国的具体情况是：

一、建立了农产品质量标准和认证的制定机制

《中华人民共和国农产品质量安全法》第二章专门对农产品质量安全标准进行了法律意义上的规定。第十一条规定，国家建立健全农产品质量安全标准体系；农产品质量安全标准是强制性的技术规范；农产品质量安全标准的制定和发布，依照有关法律、行政法规的规定执行。第十二条规定，制定农产品质量安全标准应当充分考虑农产品质量安全风险评估结果，并听取农产品生产者、销售者和消费者的意见，保障消费安全。第十三条规定，农产品质量安全标准实行动态管理，农产品质量安全标准应当根据科学技术发展水平以及农产品质量安全的需要，及时修订。此外，农业部为规范和推进标准的制修订，相继制定了《农业标准化管理办法》《农业标准审定规范》《农药残留风险评估指南》等制度规范，对标准的规划、计划、立项、起草、审查、批准等环节作了明确规定；同时依托行业科研院所建立了农药残留、兽药残留、饲料等 17 个专业化的标准化技术委员会。此外，我国还积极参加国际食品法典委员

会活动。2007 年，我国已成为国际食品法典农药残留委员会主席国，在农药残留限量及其检测方法国际标准制修订中具有一定话语权。

二、建立了多层次的农产品质量安全标准体系

中国农产品质量标准建设工作起步较晚，但发展迅速。在 1999 年，财政部、农业部启动实施了“农业行业标准制修订财政专项计划”，加快了农产品质量安全标准制修订进程。“十五”期间，农业部围绕着农产品生产、加工、包装、贮运等环节，制定国家标准 800 余项，行业标准 2235 项，并且指导地方制定标准 8000 余项，是“十五”以前农业标准总量的 1.6 倍（农业部，2010）。截至 2010 年底，农业部已组织制定农业国家标准和行业标准 4800 余项，有关农产品安全限量标准和检验检测方法标准 1800 多项。贯通农产品产地环境、农业投入品、生产规范、产品质量、安全限量、检测方法、包装标识、储存运输在内的农产品质量安全标准体系基本构建（庄红韬，2011）。根据规划，在“十二五”期间，农业部将继续加大农产品质量安全标准制修订的力度，规划新制定农兽药残留限量国家标准 7000 个，建立健全以农兽药残留限量标准为重点、品质规格标准相配套、生产规范规程为基础的农产品质量安全标准体系（庄红韬，2011）。

三、以“三品一标”为推动，建立农产品质量认证体系

“三品一标”是无公害农产品、绿色食品、有机农产品和地理标志农产品的简称，是农业系统主推的四个官方认可性品牌。为了规范“三品一标”管理，2007 年 12 月 25 日国家出台了《农产品地理标志管理办法》，2008 年 6 月 13 日出台了《无公害农产品产地认证与产品认证现场检查报告》，2009 年 2 月 13 日出台了《2009 年无公害农产品及农产品地理标志登记工作要点》，2009 年 2 月 16 日出台了《无公害农产品质量安全风险预警管理规范》，这些相关制度规定有效地规范了“三品一标”的

生产。绿色食品、有机农产品和无公害农产品法规标准见表4－1。

表4－1 绿色食品、有机农产品和无公害农产品法规标准

类别			绿色食品	有机农产品	无公害农产品
法规标准	法律依据		农业部《绿色食品标志管理办法》，国家《商标法》《产品质量法》等有关证明商标注册、管理条文。	中国有机产品国家标准：GB/T 19630	农业部颁布的《无公害农产品管理办法》
	标准	性质	推荐性农业行业标准。	以国际有机农业运动联盟的基本标准为代表的民间组织标准和各国政府推荐性标准并存。GB/T19360为推荐性国家标准。	产品标准、环境标准和生产资料使用准则为强制性国家及行业标准，生产操作规程为推荐性农业行业标准。
		结构	环境质量、生产技术、产品质量、包装贮运等全程质量控制标准。	生产、加工、包装、贮运技术标准及认证等全程质量控制标准，国际上无污染和产品质量标准。GB/T 19360规定了产地环境质量标准。	环境质量、生产技术、产品质量标准。
		水平	AA级等效采用欧盟和IF-OAM的有关标准的原则：A级产品标准参照联合国粮农和世界卫生组织食品法典委员会（CAC）标准、欧盟质量安全标准，高于国内同类标准的水平。	强调可持续生产过程的构建，与传统所指的检测标准无可比性。标准一般比国家普通食品安全高，如我国有机蔬菜水果的农残限量标准是普通的5%，即严格20倍，重金属限量则与普通标准一致。	部分指标等同于国内普通食品标准，部分指标略高于国内普通食品标准。

据农业部农产品质量安全中心、中国绿色食品发展中心分别统计，截至2012年底，全国有效无公害农产品达到74529个，总量2.8亿吨，约占食用农产品商品总量的35%；有效使用绿色食品标志企业总数6862家，产品总数17125个；经中国绿色食品发展中心认证的有机食品企业达到了685家，产品2762个；累计公告颁证农产品地理标志

1047个（国家工商总局累计核准注册和初步审定地理标志商标1754件）[1]。绿色食品、有机农产品和无公害农产品组织和运作见表4－2。

表4－2　绿色食品、有机农产品和无公害农产品组织和运作

<table>
<tr><th colspan="3">类别</th><th>绿色食品</th><th>有机农产品</th><th>无公害</th></tr>
<tr><td rowspan="4">组织和运作</td><td colspan="2">管理体系</td><td>1. 农业部所属中国绿色食品发展中心在全国各省、市、自治区及部分计划单列市成立了委托管理机构。
2. 把绿色食品标志作为一种特定的产品质量证明商标注册，以技术标准为依据，检查、检验结合的全程质量控制。
3. 依据“商标法”“产品质量法”，各级政府管理机构加强市场监督。</td><td>1. 政府授权、认证的认证机构。
2. 把有机食品标志作为一种特定的产品质量证明商标注册，以技术标准为依据，检查、检验结合的全程质量控制。
3. 产品实施市场监管。</td><td>农业部所属的各级无公害产品主管部门依据无公害农产品生产标准进行监督管理。</td></tr>
<tr><td rowspan="2">认证体系</td><td>机构类型</td><td>农业部所属事业单位。</td><td>1. 政府管理部门审核、批准的民间或私人的认证机构，如美国、日本等。
2. 唯一的政府所属机构，如丹麦，捷克等。</td><td>各级农业行政主管部门。</td></tr>
<tr><td>认证模式</td><td>由农业部所属中国绿色食品发展中心依据绿色食品标准开展认证工作。</td><td>由有认证资质的独立认证机构按市场化运作。</td><td>产地认证与产品认证结合，由各级农业行政主管部门负责。</td></tr>
<tr><td>检测体系</td><td>资格条件</td><td>环境质量检测机构必须通过省级以上计量认证，产品质量检测机构必须通过国家级计量认证。</td><td>获得国家认监委认可的认证机构和检测机构。</td><td>农业部所属监测机构。</td></tr>
</table>

“三品一标”种植业面积达到6300多万公顷，占到全国耕地面积的47%以上，生产总量超过3亿吨（潘林青，董峻，2012）。农业部的调查显示，国内消费者对无公害农产品和绿色食品品牌的认知度分别超过70%和80%，超过六成的消费者愿意选购“三品一标”产品，在实行市场准入制度的大中城市，无公害农产品作为准入的基本要求实现了便捷顺畅入市（潘林青，董峻，2012）。“三品一标”农产品在总量规

① 陈涛．“三品一标”将率先实行质量安全全国追溯［N］．农民日报，2013－04－02.

模稳步扩大的同时，产业化、规模化水平不断提高。无公害农产品种植业产地平均规模在1000公顷以上，平均每个获证单位带动500多个农户；全国24个省份368个单位创建了536个绿色食品原料标准化生产基地，共带动1603万农户增收近10亿元。截至2012年11月底，全国已有270家国家级、1194家省级农业产业化龙头企业申报了绿色食品认证，分别占国家级、省级龙头企业总数的30.2%和13.1%（潘林青，董峻，2012）。

第四节　农产品质量检测与监督体系建设现状

《中华人民共和国农产品质量安全法》第六章共十条专门对农产品质量监督检查进行了规定。我国农产品质量检测与监督体系的具体内容主要包括：

一、建立农产品质量安全监测制度

《中华人民共和国农产品质量安全法》第三十四条明确规定，国家建立农产品质量安全监测制度。县级以上人民政府农业行政主管部门应当按照保障农产品质量安全的要求，制定并组织实施农产品质量安全监测计划，对生产中或者市场上销售的农产品进行监督抽查。监督抽查结果由国务院农业行政主管部门或者省、自治区、直辖市人民政府农业行政主管部门按照权限予以公布。第三十七条规定，农产品批发市场应当设立或者委托农产品质量安全检测机构，对进场销售的农产品质量安全状况进行抽查检测；农产品销售企业对其销售的农产品，应当建立健全进货检查验收制度，经查验不符合农产品质量安全标准的，不得销售。

二、建立农产品质量安全监测机构体系

《中华人民共和国农产品质量安全法》第三十五条规定，农产品

质量安全检测应当充分利用现有的符合条件的检测机构。从事农产品质量安全检测的机构，必须具备相应的检测条件和能力，由省级以上人民政府农业行政主管部门或其授权的部门考核合格，具体办法由国务院农业行政主管部门制定。农产品质量安全检测机构应当依法经计量认证合格。

三、建立农产品质量安全的社会监督体系

《中华人民共和国农产品质量安全法》第三十八条规定，国家鼓励单位和个人对农产品质量安全进行社会监督。任何单位和个人都有权对违反本法的行为进行检举、揭发和控告。有关部门收到相关的检举、揭发和控告后，应当及时处理。

四、建立农产品质量安全监督与处置相结合的有效机制

《中华人民共和国农产品质量安全法》第三十九条规定，县级以上人民政府农业行政主管部门在农产品质量安全监督检查中，可以对生产、销售的农产品进行现场检查，调查了解农产品质量安全的有关情况，查阅、复制与农产品质量安全有关的记录和其他资料；对经检测不符合农产品质量安全标准的农产品，有权查封、扣押。第四十条规定，发生农产品质量安全事故时，有关单位和个人应当采取控制措施，及时向所在地乡级人民政府和县级人民政府农业行政主管部门报告；收到报告的机关应当及时处理并报上一级人民政府和有关部门。发生重大农产品质量安全事故时，农业行政主管部门应当及时通报同级食品药品监督管理部门。第四十一条规定，县级以上人民政府农业行政主管部门在农产品质量安全监督管理中，发现有危害公共安全的农产品时，应当按照农产品质量安全责任追究制度的要求，查明责任人，依法予以处理或者提出处理建议。

五、建立部、省、县相互配套的农产品质量安全检验检测体系

“十一五”以来，农业部启动实施了农产品质量安全检验检测体系建设规划。2006 年 11 月农业部又出台了《关于加强农产品质量安全监管能力建设的意见》，2007 年 8 月还出台了《全国无公害农产品工作机构管理办法》。“十一五”期间全国共安排 46 亿余元（其中中央投资 32 亿多元）在全国支持建设了 1014 个部级农产品专业质检中心和区域中心、省级农产品综合质检中心和县级农产品综合质检站，初步构建起全国农产品质量安全检验检测体系，为提升全国农产品质量安全水平发挥了重要作用。2012 年农业部印发了《全国农产品质量安全检验检测体系建设规划（2011—2015 年）》，规划总投资 72.02 亿元，其中中央投资 52.52 亿元、地方配套资金 19.5 亿元。根据规划，“十二五”期间，我国将新建 1 个部级水产品质量安全研究中心、16 个部级专业质检中心、329 个地（市）级综合质检中心和 960 个县（场）级综合质检站，构建起面向所有大宗农产品和特色优势农产品，覆盖主要投入品、产地环境和产出品，部、省、市、县四级贯通联动的农产品质量安全检验检测体系和国家农产品质量安全追溯信息平台。

第五节　农产品质量安全风险评估与预警体系建设现状

我国农产品质量安全风险评估与预警体系的建设相对较晚，体系还不健全，目前已开展的主要工作有：

一、组建了农产品质量安全风险评估专家委员会

根据《中华人民共和国农产品质量安全法》第六条“国务院农业行政主管部门应当设立由有关方面专家组成的农产品质量安全风险评估

专家委员会，对可能影响农产品质量安全的潜在危害进行风险分析和评估。国务院农业行政主管部门应当根据农产品质量安全风险评估结果采取相应的管理措施，并将农产品质量安全风险评估结果及时通报国务院有关部门。”为了开展农产品质量安全风险评估工作，农业部会同卫生、食品药品、环境保护、检验检疫等部门，在 2007 年 5 月成立了国家农产品质量安全风险评估专家委员会。其主要职责是：针对我国农产品质量安全状况，提出国家农产品质量安全风险评估政策、制定国家农产品质量安全风险评估规划和计划、制定农产品质量安全风险评估准则等有关规范性技术文件、提供风险评估报告并提出有关农产品质量安全风险管理措施的建议。按照《国家农产品质量安全风险评估专家委员会章程》规定，专家委员会委员实行聘期制，一个聘期为 5 年。2012 年 12 月，农业部组建了第二届国家农产品质量安全风险评估专家委员会，该委员会涵盖了农业、卫生、商务、工商、质检、环保和食品药品等部门，汇集了农学、兽医学、毒理学、流行病学、微生物学、经济学等学科领域 76 名专家。

二、组建了以风险评估实验室为主体的多层级的农产品质量安全风险评估网络

2011 年，农业部开始进行国家农产品质量安全风险评估网络体系的建设。网络的基本架构由国家农产品质量安全风险评估机构、风险评估实验室和主产区风险评估实验站组成。国家农产品质量安全风险评估机构目前挂靠在农业部农产品质量标准研究中心，但其基本功能还不健全。根据农业部关于印发《农业部农产品质量安全风险评估实验室管理规范》的通知（农质发〔2011〕13 号），国家农产品质量安全风险评估机构受农业部委托，承担风险评估实验室的申报评审、考核评价和技术指导，牵头实施风险评估和风险监测，指导风险评估实验室建设和业务工作，承担省级以上农业行政主管部门委托的农产品质量安全相关工作。国家农产品质量安全风险评估机构根据影响农产品质量安全的危

害因子类别，可以在机构内部设立基准实验室，承担相应领域的风险评估、风险监测和能力比对实验。风险评估实验室的主要任务是承担授权范围内的农产品质量安全风险评估、风险监测和风险交流任务，开展科学研究和营养功能评价，提出风险评估实验站建设方案，指导业务归口风险评估实验站的工作，承担县级以上农业行政主管部门委托的农产品质量安全相关工作。风险评估实验室有两类，一类是专业性的，另一类是区域性的。专业性风险评估实验室主要从中国农业科学院、中国热带农业科学院、中国水产科学研究院（简称“部属三院”）所属研究机构和农科类重点高等院校中择优选建。区域性风险评估实验室主要从建有专门农产品质量安全或者质量标准检测研究机构的省级农科院中择优选建。风险评估实验室定期对风险评估、风险监测工作进行总结和会商，每半年向所在省级农业行政主管部门（或者上级业务主管部门）、国家农产品质量安全风险评估机构和农业部农产品质量安全监管局报告 1 次工作，重大发现、政策建议和突发性问题及时报告。农产品主产区风险评估实验站主要从农产品主产区所在地区农科院（所）和省及省级以下农产品质量安全检测机构中择优选建。

2012 年 3 月，农业部在京召开农产品质量安全风险评估实验室建设启动会，向首批 65 家农业部农产品质量安全风险评估实验室进行授牌，全面启动了农产品质量安全风险评估实验室建设工作。中国水稻研究所等 36 个单位为农业部首批专业性农产品质量安全风险评估实验室，北京市农林科学院等 29 个单位为农业部首批区域性农产品质量安全风险评估实验室。2012 年 4 月，农业部又增补黑龙江省农垦科学院等 21 个技术性机构为农业部第二批专业性农产品质量安全风险评估实验室承建单位，增补了广西壮族自治区亚热带作物研究所和青海省农林科学院为农业部第二批区域性农产品质量安全风险评估实验室承建单位，具体承担分工专业领域或行政地域范围内相应农产品质量安全的风险评估、摸底排查、科学研究、生产指导、消费引导、风险交流等工作。目前，区域性农产品质量安全风险评估实验室涵盖了大陆 31 个省市区，专业性农产品质量安全风险评估实验室共计 57

个，涵盖了所有大宗农作物。首批和第二批专业性农业部农产品质量安全风险评估实验室名单分别见表4－3、表4－4。

表4－3　首批专业性农业部农产品质量安全风险评估实验室名单

序号	实验室全称	依托单位	序号	实验室全称	依托单位
1	农业部稻米产品质量安全风险评估实验室（杭州）	中国水稻研究所	19	农业部农产品质量安全环境因子风险评估实验室（成都）	成都土壤肥料测试中心
2	农业部谷物产品质量安全风险评估实验室（北京）	中国农业科学院作物科学研究所	20	农业部农产品加工质量安全风险评估实验室（北京）	中国农业科学院农产品加工研究所
3	农业部油料产品质量安全风险评估实验室（武汉）	中国农业科学院油料作物研究所	21	农业部农产品加工质量安全风险评估实验室（湛江）	中国热带农业科学院（承建单位：农产品加工研究所）
4	农业部畜禽产品质量安全风险评估实验室（北京）	中国动物疫病预防控制中心	22	农业部热作产品质量安全风险评估实验室（海口）	中国热带农业科学院（承建单位：农产品质量安全与标准研究所）
5	农业部畜禽产品质量安全风险评估实验室（青岛）	中国动物卫生与流行病学中心	23	农业部农产品贮藏保鲜质量安全风险评估实验室（北京）	中国农业大学
6	农业部畜禽产品质量安全风险评估实验室（南昌）	江西省农业科学院	24	农业部农产品贮藏保鲜质量安全风险评估实验室（杭州）	浙江大学
7	农业部畜禽产品质量安全风险评估实验室（乌鲁木齐）	新疆维吾尔自治区畜牧科学院	25	农业部农产品贮藏保鲜质量安全风险评估实验室（重庆）	西南大学
8	农业部奶产品质量安全风险评估实验室（北京）	中国农业科学院北京畜牧兽医研究所	26	农业部农产品贮藏保鲜质量安全风险评估实验室（广州）	华南农业大学
9	农业部奶产品质量安全风险评估实验室（上海）	上海市动物疫病预防控制中心（上海市乳品培训研究中心）	27	农业部农产品贮藏保鲜质量安全风险评估实验室（合肥）	安徽农业大学

续表

序号	实验室全称	依托单位	序号	实验室全称	依托单位
10	农业部蔬菜产品质量安全风险评估实验室（北京）	中国农业科学院蔬菜花卉研究所	28	农业部农产品贮藏保鲜质量安全风险评估实验室（石河子）	新疆农垦科学院
11	农业部果品质量安全风险评估实验室（郑州）	中国农业科学院郑州果树研究所	29	农业部水产品质量安全风险评估实验室（哈尔滨）	中国水产科学研究院黑龙江水产研究所
12	农业部果品质量安全风险评估实验室（兴城）	中国农业科学院果树研究所	30	农业部水产品质量安全风险评估实验室（武汉）	中国水产科学研究院长江水产研究所
13	农业部柑桔产品质量安全风险评估实验室（重庆）	中国农业科学院柑桔研究所	31	农业部水产品质量安全风险评估实验室（广州）	中国水产科学研究院珠江水产研究所
14	农业部茶叶产品质量安全风险评估实验室（杭州）	中国农业科学院茶叶研究所	32	农业部水产品质量安全风险评估实验室（青岛）	中国水产科学研究院黄海水产研究所
15	农业部蜂产品质量安全风险评估实验室（北京）	中国农业科学院蜜蜂研究所	33	农业部水产品质量安全风险评估实验室（上海）	中国水产科学研究院东海水产研究所
16	农业部参茸产品质量安全风险评估实验室（长春）	吉林农业大学	34	农业部水产品质量安全风险评估实验室（ 西安）	中国水产科学研究院黄河水产研究所
17	农业部农产品质量安全生物性危害因子风险评估实验室（北京）	中国农业科学院植物保护研究所	35	农业部水产品贮藏保鲜质量安全风险评估实验室（上海）	上海海洋大学
18	农业部农产品质量安全环境因子风险评估实验室（天津）	农业部环境保护科研监测所	36	农业部水产品贮藏保鲜质量安全风险评估实验室（广州）	中国水产科学研究院南海水产研究所

表4-4　第二批专业性农业部农产品质量安全风险评估实验室名单

序号	实验室全称	依托单位	序号	实验室全称	依托单位
1	农业部豆类产品质量安全风险评估实验室（佳木斯）	黑龙江省农垦科学院	12	农业部水产品质量安全风险评估实验室（北京）	北京市水产技术推广站
2	农业部果品质量安全风险评估实验室（烟台）	山东省烟台市农业科学研究院	13	农业部水产品质量安全环境因子风险评估实验室（无锡）	中国水产科学研究院淡水渔业研究中心
3	农业部糖料产品质量安全风险评估实验室（哈尔滨）	中国农业科学院甜菜研究所	14	农业部农产品贮藏保鲜质量安全风险评估实验室（南京）	南京农业大学
4	农业部棉花产品质量安全风险评估实验室（安阳）	中国农业科学院棉花研究所	15	农业部蚕桑产品及食用昆虫质量安全风险评估实验室（镇江）	中国农业科学院蚕业研究所
5	农业部烟草质量安全风险评估实验室（青岛）	中国农业科学院烟草研究所	16	农业部微生物产品质量安全风险评估实验室（北京）	中国农业科学院农业资源与农业区划研究所
6	农业部动物产品质量安全化学性危害因子风险评估实验室（北京）	中国农业大学	17	农业部农产品包装材料质量安全风险评估实验室（长春）	吉林省农产品包装安全监测中心（吉林省农业机械试验鉴定站）
7	农业部动物产品质量安全生物性危害因子风险评估实验室（重庆）	重庆市动物疫病预防控制中心	18	农业部农产品质量安全环境因子风险评估实验室（北京）	北京市农业环境监测站
8	农业部禽类产品质量安全风险评估实验室（扬州）	中国农业科学院家禽研究所	19	农业部农产品质量安全环境因子风险评估实验室（南京）	江苏省农产品质量检验测试中心
9	农业部畜禽产品质量安全风险评估实验室（武汉）	华中农业大学	20	农业部农产品质量安全环境因子风险评估实验室（长沙）	湖南省农产品质量检验测试中心

续表

序号	实验室全称	依托单位	序号	实验室全称	依托单位
10	农业部畜禽产品质量安全风险评估实验室（成都）	四川省畜产品安全检测中心	21	农业部农产品质量安全生物性危害因子风险评估实验室（济南）	山东省农业科学院
11	农业部畜产品质量安全风险评估实验室（兰州）	中国农业科学院兰州畜牧与兽药研究所			

第五章　国外农产品质量安全保障体系建设的经验

农产品质量安全管理是国外发达国家政府的重要职责。大多数发达国家都建立了符合本国状况的农产品质量安全体系。下面从农产品质量安全的生产和供给体系、农产品质量标准与认证体系、农产品质量检测与监督体系、农产品质量风险评估与预警体系四个方面对国外发达国家农产品质量安全保障体系建设的实践进行考察，总结相关的建设经验。

第一节　国外农产品质量安全的生产和供给体系建设经验

一、建立了全流程的农产品质量安全可追溯制度

美国建立了从种植生产、加工、运输、储藏、销售全流程的农产品质量安全可追溯制度。种植环节推行良好农业操作规范（Good Agricultural Practice，GAP）管理体系，在加工环节推行良好生产操作规范（Good Manipulate Practice，GMP）管理体系，以及危害分析及关键点控制（Hazard Analysis and Critical Control Point，HACCP）食品安全认证体系。每个环节出现了问题都可以追溯到责任者。所有生产过程，从种子处理、土壤消毒、栽培方式、灌溉、施肥、使用农药到收获采摘都要记录。能够追溯到哪个生产基地、品种、生产时间（邢文英，2006）。欧

盟要求农民或养殖企业对饲养牲畜的详细过程进行记录，包括饲料的种类及来源、牲畜患病情况、使用兽药的种类及来源等信息。屠宰加工场收购活体牲畜，养殖方必须提供上述信息的记录。屠宰后被分割的牲畜肉块，也必须有强制性的标识，内容包括可追溯号、出生地、屠宰场批号、分割厂批号等。2003 年日本国会立法通过了《牛肉生产履历法》。该法律规定，在日本国内生产的牛，都必须设定十位数的个体识别号码，并由设于福岛西乡村的家畜改良中心集中管理每一头牛的资讯。法律规定每头牛从出生开始就要佩带耳标，耳标应注明牛的识别履历包括出生报告（时间、地点、母体识别号）农家条码、种别等。屠宰分解后的每一部分也必须加上标签方能出售，消费者从货架上拿到的每一小包装牛肉盒上都能查到这些信息，违者将处以 30 万日元的罚款。日本在全国建立了牛个体识别数据库，从 2004 年 12 月开始消费者将能直接从网上核对所买食品的各种信息（陈华宁，2007）。

二、严格农药、化肥、土地等农业生产投入的管理

各国对农药、化肥的使用都有严格的规定。美国的不少农场，使用农药要请专业的农药服务公司执行作业，并将农药用量控制在合理浓度与使用范围内。使用毒性较高农药时，必须事先通知县农业局，在县农业局备案。在使用过程中，县农业局派人到现场监督并指导农药使用。在距收获期 7 天之内禁止使用任何农药。在采摘过程中，工人必须穿工作服，戴手套，必要时还要洗手。生产基地必须是洁净的，远离污染源。所有废弃物必须经过处理，不能随意丢弃（邢文英，2006）。为了保护农业生态环境，保护土地的可持续生产能力，采用了比较严格的休耕制度。1956 年，美国政府设立了土地银行。该政策要求农场停耕 12% 的耕地，其中一部分叫做土地储备，即休耕一年，土地银行按其休耕面积，付给一定的补助金作为报酬；另一部分叫做休耕储备，即由农场主和土地银行签订合同，将部分土地转作草地、林地或休闲地，这部分长

期休耕的土地也由土地银行付给补助金作为休耕补贴①。虽然这一政策的最初目的是控制产量，消除农产品过剩，但事实上对保证农业的安全生产起到了重要作用。德国以农业合作经济组织为基础，实行规模化经营、标准化生产，批量采购化肥、农药等农用生产资料，不仅降低了成员的生产成本，而且可以有效控制有毒有害化学物质的使用（苏春森，2008）。荷兰在1962年制定了专门的《农药法》，并成立专门的农药授权委员会（CTB），其主要职责就是以《农药法》为依据，专门授权杀虫剂的使用（王平，2004）。

三、执行严格的法律制度

2002年美国国会通过了《生物反恐法案》，提出“实行从农场到餐桌的风险管理”思路。美国国家食品与药品监督管理局（FDA）制定与食品、药品相关的安全生产的规定有9本，其中涉及农产品安全生产方面的规定有3本。规定产品生产和食品进口必须按FDA制定的规则进行生产，所有进口到美国的食品必须经过FDA或美国农业部（USDA）的登记，经检验合格的才允许进口。严惩生产加工环节的违法行为。凡是在加工车间有泥土、存在不卫生行为、把产品中主成分提走、采用政府未规定的辐射、在鲜食产品中添加色素、产品不经检测或调查直接判断合格等都将认定为违法行为并需承担相应法律责任（邢文英，2006）。欧盟20世纪70年代就开始起草与食品质量安全有关的法律法规，目前与农产品质量安全有关的法律法规20多个。国外一些发达国家对农产品的生产、加工、流通的各个环节都进行了专门立法。如英国的《动物防疫法》，加拿大的《有害物控制产品法》《饲料法》《肥料法》《种子法》《植物育种者权利法》《肉类监督法》《渔业监督法》《动物防疫法》等（刘文君，2006）。日本1997年出台了《植物防疫法》《家畜传染病预防法》《农药取缔法》《农药管理法》等与农产品

① 李治民，徐小青．中国与美国农业生产方式的比较［N］．中国农网，2002-08-16.

质量安全有关的法律法规（陈俊科，庞琢，2007）。这些严格的法律制度大大降低了农产品生产、加工和流通等各环节暴露的农产品质量安全风险。

四、建立农业生产组织的分级管理制度

德国政府对每个农业生产企业都免费进行风险等级评估，并告知农业生产企业的等级。政府根据农业企业的风险等级，进行有区别的分级抽查，抽查频率从每天 1 次到 3 年 1 次不等。根据农业生产企业质量风险发生的可能概率大小，将农业生产企业分为九个风险等级。风险等级的划分主要根据农业企业的类别、产品和生产方式、企业过去的记录和信誉、企业自我监控的可信度和卫生管理的情况，建立相应的评级数学模型。模型中重点考量的参数有：是否与消费者直接接触、产品是否有包装、是生产商还是销售商、产品的保质期、产品加工的手段和过程、该产品过去是否有残留和污染的记录、产品是否针对敏感消费群体、企业过去是否被处罚过、企业自我监控的可信度、是否有 HACCP 全过程的检查、产品生产过程每一步的检查、企业厂房和空气的条件、清洁和消毒的记录、人员和生产过程的卫生状况、病虫害的控制等。对于农业生产小农户而言，也采取同样的评级方式，但对其进行评级时考虑的因素可少一些（苏春森，2008）。

第二节 国外农产品质量标准与认证体系建设经验

国外发达国家的农产品质量标准与认证体系建设起步较早。美国从 19 世纪初的种子认证开始，现在已经有 100 多年的历史。美国农产品质量标准与认证体系具有认证种类齐全、功能定位明确、呈现多元化的特征。国外发达国家的农产品标准制定总体较为合理，配套措施完善，标准制定过程透明，制定标准先进实用。

一、质量标准体系健全、功能定位明确

欧盟的农业质量安全标准体系分为上下两个层次。上层为欧盟指令，下层为包含具体技术内容的可自愿选择的技术标准。凡是涉及产品安全、工业安全、人体健康、消费者权益保护的标准，通常以指令的形式发布。欧盟目前拥有技术标准 10 万多个，其中涉及食品和农产品的达 550 个（方佳，李玉萍，2008）。美国的农产品标准有三个层次：一是国家标准，由联邦农业部、卫生部和环境保护署等政府机构以及经联邦政府授权的特定机构制定。二是行业标准，由民间团体制定，民间组织制定的标准具有很大的权威性，行业标准是美国标准的主体。三是由农场主或公司制定的企业操作规范。美国技术标准 93000 个，涉及农产品的有 352 个（方佳，李玉萍，2008）。同样，日本的标准体系也分为国家标准、行业标准和企业标准三个层次。国家标准即 JAS 标准，以农产品、林产品、畜产品、水产品及其加工制品和油脂为主要对象。行业标准多由行业团体、专业协会和社团组织制定，主要是作为国家标准的补充或技术储备。企业标准是由各株式会社制定的操作规程或技术标准。日本有技术法规 15 部，农产品规格标准 500 多个（钱永忠，2003）。

二、实行强制认证和自愿认证相结合

强制认证对于农产品质量安全具有“托底”的效应。只有通过强制认证，才能进行生产销售。而自愿认证往往是给予高品质、高安全农产品一个“符号”，有利于高品质、高安全农产品被消费者所识别，避免“劣币驱逐良币”，使农产品向高品质、高安全方向演进和发展。国外不少发达国家，在农产品质量安全标准与认证体系建设初期，主要以自愿认证为主，而目前大多建立了强制认证和自愿认证相结合的认证体系。在美国，有机食品、公平贸易、安格斯牛肉和俄克拉荷马制造等认

证属于自愿性认证，而 GAP（良好农业操作规范）认证则属于强制性认证。1998 年美国联邦食品与药品管理局（FDA）和农业部（USDA）联合发布了《关于降低新鲜水果蔬菜中微生物危害的企业指南》，提出了 GAP（良好农业操作规范）概念。该规范主要是针对未加工或经简单加工（生的）出售给消费者或加工企业的大多数果蔬的种植、采收、清洗、摆放、包装和运输过程中常见的微生物危害进行控制，其关注的是新鲜果蔬的生产和包装，同时也包含从农田到餐桌的整个食品链的所有步骤。美国 GAP（良好农业操作规范）是由农业部的联邦食品检查服务局（FSIS）作为独立的第三方认证机构开展认证，农业部农业市场服务局（AMS）参与管理，并负责将通过认证的企业和产品名称在其网站上公布。2006 年，美国要求蔬菜和水果的生产从 2007 年 7 月 1 日起开始实施强制性认证。[①]

三、建有比较完善的农药残留标准体系

农药残留是导致农产品不安全的最大隐患。发达国家都建有比较完善的农药残留标准体系，并成功地运用农药残留标准体系设置技术贸易壁垒，对本国农业发展起到了很好的保护作用。从 2008 年 9 月 1 日起，欧盟正式实施新的农药残留标准体系，对欧盟 27 个成员国实行统一的农产品和食品的农药残留标准。新的农药残留标准体系中农药残留限量数量由原来的 39000 多个增加到 10 万多个，对于没有设立残留限量的农药，欧盟也要求小于 0.01ppm。欧盟几乎对每一个农业产品可能涉及的农药都进行了农残的最高值限定。欧盟对柑桔类鲜果有 421 种农药残留的最高上限规定；木本坚果有 426 种农药残留的最高上限规定；对仁果有 403 种农药残留的最高上限规定；对根茎类蔬菜有 347 种农药残留的最高上限规定。为增加透明性和便于查询，欧盟建立了数据库，可以在欧盟官方网搜索适用于每个作物和农药的最高残留限量。欧盟部分农

① 樊红平，牟少飞，叶志华．美国农产品质量安全认证体系及对中国的启示［J］．世界农业，2007（9）：39－42．

产品农药残留规定见表5－1。

表5－1 欧盟部分农产品农药残留规定

种类	有明确残留规定的农药种类	残留容忍度最高的农药	残留容忍度最低的农药
柑橘类鲜果	421	乙磷铝75（mg/kg）	氟虫腈0.005（mg/kg）
根茎类蔬菜	347	溴化物离子50（mg/kg）	氯丹等120种农药0.01（mg/kg）
木本坚果类	426	溴化物离子50（mg/kg）	氟虫腈0.005（mg/kg）
仁果类	403	乙磷铝75（mg/kg）	氟虫腈0.005（mg/kg）
大豆	451	溴化物离子50（mg/kg）	氟虫腈0.005（mg/kg）
油菜	347	赤霉酸5（mg/kg）	氟虫腈0.005（mg/kg）
水稻	453	溴化物离子50（mg/kg）	氟虫腈0.005（mg/kg）
瘦肉	356	双苯氟脲10（mg/kg）	氟虫腈等109种农药0.01（mg/kg）

资料来源：欧盟官方网 http：//ec. europa. eu/sanco_ pesticides/public/index. cfm

日本通过“肯定列表制度”来建立多层次的农药残留标准体系。肯定列表制度由0.01ppm（0.01毫克/公斤）“一律标准”（uniform limit）、65种豁免物质、758种农业化学品的暂定标准和15种不得检出物质和5万多项农药残留标准组成。“一律标准”是日本政府确定的对身体健康不会产生负面影响的限制。该标准应用于“肯定列表制度”中在任何食品中均未制定最大残留限量或尽管已对某些食品制定了最大残留限量但没有针对所讨论的食品制定残留限量的情况。肯定列表制度实施后，其中仅暂定标准就对734种农业化学品在264种农产品、食品中设立了51392个限量标准；加上在肯定列表实施后继续有效的原有的涉及62种农业化学品、175种农产品的2470个限量标准。日本肯定列表制度限量标准至少涉及到了796种农业化学品、300种农产品、53862个限量标准。根据肯定列表制度，每种食品农产品涉及的残留限量标准平均为200项，有的甚至超过了400项，如猪肉的检测项目由25个增加到428个，茶叶的检测项目由89个增加到276个，大米的检测项目由129个增加到579个[①]。日本在所有食品中均不得检出的15种农兽药见表5－2。

表5－2　日本在所有食品中均不得检出的15种农兽药

序号	化学名称	通用名称
1	CYHEXATIN、AZOCYCLOTIN	环己锡、三唑锡
2	PROPHAM	苯胺灵
3	CAPTAFOL	敌菌丹
4	AMITROLE/	杀草强
5	2，4，5－T	2，4，5－T
6	DAMINOZIDE	丁酰肼
7	DIETHYLSTILBESTROL	己烯雌酚
8	COUMAFOS/COUMAPHOS	库马福司/蝇毒磷
9	RONIDAZOLE	洛硝达唑
10	METRONIDAZOLE	甲硝唑
11	DIMETRIDAZOLE	地美硝唑
12	CHLORAMPHENICOL	氯霉素
13	CHLORPROMAZINE	氯丙嗪
14	NITROFURANS	呋喃类抗生素
15	CARBADOX including QCA	卡巴氧，包括QCA

第三节　国外农产品质量检测与监督体系的建设经验

一、建有完善的农产品质量安全检验检测组织体系

大多数发达国家都建有完善的农产品质量安全检验检测组织体系。加拿大负责农产品的检测机构是加拿大农业部食品检验局（CFIA）。该

① 资料来源于检验在线网 http：//www. zhtech. cn/Item/1993. aspx.

机构在全国分 4 个大区，下设 18 个地区性办公室，185 个基层办事处，并在 408 个非政府机构设点。CFIA 拥有 22 个实验室和研究机构，从事新技术研究、组织测试和咨询指导工作。CFIA 下属的检验员、兽医及其他专业人员 4600 多名（钱永忠，2003）。英国的实验室仪器配备全面精良，普遍配备了 GC - MS、LC - MS、LC - MS - MS 和 HPLC 等先进的仪器设备。美国建立了联邦和州政府两级检测体系，联邦政府的检测机构主要负责进出口检验，州政府检测机构负责生产过程和产地质量安全检测等（李生，李迎宾，2005）。美国在 1946 年建立了第一个国家实验室，如今已建有 850 多个国家实验室，雇佣了 20 多万名科学家和工程技术人员，平均每个实验室拥有约 235 位科研人员（王芳，王敏，2008）。欧盟各国根据欧盟及本国的法律法规，对农产品实行严格的市场准入和监管，仅丹麦就有农业部授权的农产品质检机构 38 个。法国建有完善的质量检测管理和定期预报体系，每年定时、定点取样、分析，如小麦的取样点达 36500 个，分析检测基本样品达 1150 个。日本农林水产消费技术服务中心设有 7 个分中心，负责全国 47 个部道府县农产品质量安全调查分析，同时农林水产省份有植物防疫处，并在 7 个区域性农业局设有病虫害防治科，在县级设有 1 个本所，负责指导农民合理、正确地使用农药。在动物防疫方面，农林水产省设有 1 个本所，6 个支所，17 个派出机构，170 个家畜保健卫生所，2000 多名兽医直接承担家畜传染病防治工作。

二、建有适合本国特点的农产品质量安全监督管理模式

各国农业生产情况和经济社会运行的具体情况千差万别，农产品质量安全监督管理的模式也存在很大的不同。各国根据本国的具体情况和实际需要，建立了适合本国特点的农产品质量安全监督管理模式。目前世界各国总结起来，有三种具有代表性的模式：

1. 以加拿大和德国为代表的主要由农业部门负责的农产品质量安全监督管理模式

加拿大的食品安全监督管理工作原来分属农业和农业食品部、渔业和海洋部、卫生部和工业部等部门，这种分散的管理体制带来了职能冲突和效率低下等问题（李生，李迎宾，2005）。加拿大 1997 年通过了《加拿大食品监督署法》（Canadian Food Inspection Agency Act），决定在农业部之下设立一个专门的食品安全监督机构——加拿大食品监督署，统一负责加拿大食品安全、动物健康和植物保护的监督管理工作。加拿大食品监督署负责农业投入品监管、产地检查、动植物和食品及其包装检疫、药残监控、加工设施检查和标签检查，真正实现了“从农田到餐桌”的全程性管理。联邦德国食品营养、农业和消费者保护部（BMELV）是德国管理农产品质量安全的最高决策机构。在这个部门下设两大机构，即德国风险评估研究院（BFR）和联邦消费者保护食品安全局（BVL）辅助该部开展农产品质量安全的科研、质量监控和政策制定等一系列专业性工作；在联邦州及以下层面，根据国家联邦的组织形式和各州农业基本情况与人口状况等，在联邦法律的框架下，成立相关的农产品质量安全管理工作。

2. 以欧盟为代表的成立独立的食品安全监督机构的农产品质量安全监督管理模式

在英国，食品安全监管职能原属于农业渔业及食品部（MAFF）。1999 年，英国通过了《1999 年食品标准法》，成立了一个独立的食品安全监督机构——食品标准局（Food Standards Agency）。食品标准局的职能一是政策制定，即制定或协助公共政策机关制定食品（饲料）政策；二是服务，即向公共当局及公众提供与食品（饲料）有关的建议、信息和协助；三是检查，即获取并审查与食品（饲料）有关的信息，可对食品和食品原料的生产、流通及饲料的生产、流通和使用的任何方面进行观测；四是监督，即对其他食品安全监管机关的执法活动进行监督、评估和检查。在英国，食品安全的具体执法工作主要由 499 个地方政府承担（李生，李迎宾，2005）。而兽药和农药的监控和执法、农产品交易标准、园艺标准和酒类标准除零售环节之外的执法工作依然由环境、食品和农村事务部负责。

3. 以美国为代表的多个部门协同负责的农产品质量安全监督管理模式

美国负责食品安全的机构主要包括农业部（USDA）、卫生和公共事业部（HHS）及环境保护署（EPA）等3个部门。农业部主要负责肉类、家禽及相关产品和蛋类加工产品的监管；卫生和公共事业部负责其他食品、瓶装水、酒精含量低于7%的葡萄酒饮料的监管；环境保护署则主要监管饮用水和杀虫剂（李生，李迎宾，2005）。此外，美国商业部、财政部和联邦贸易委员会也不同程度地承担了对食品安全的监管职责。为了强调各个食品安全监督管理部门的合作，1998年美国成立了“食品传染疾病发生反应协调组”（杨辉，2006）。

分析各国农产品质量安全监督管理模式的演进情况，我们可以得到如下启示：一是随着农产品质量安全管理的需要，农产品质量安全监督管理模式是可变的；二是大多数国家农产品质量监管都有“从乱到治”的过程；三是一个适合的模式是根据现实的需要而调整形成的，并没有完全统一的标准；四是各国模式都强调监管职责明确，部门运行协调配合。

三、建立了农产品安全的全程监管制度

欧美国家在食品安全监管中，建立了食品安全可追溯体系，强调对生产、收获、加工、包装、运输、贮藏和销售等环节实行全过程监控，避免任何重要环节的缺失可能对食品安全造成的冲击；对化肥、农药、饲料、包装材料、运输工具、食品标签等实行全方位的监管，预先防范可能对食品安全构成潜在危害的风险。在美国，一种食品的安全由一个部门负责，从农田到餐桌的全程监管责任主体明确。美国食品生产企业广泛实施《通用良好生产规章》（GMP）及危害分析和关键控制体系（HACCP），对影响食品安全的各种要素进行控制，包括对食品生产企业的建筑物、设备、装备、装置等提出明确的要求（杨辉，2006）。英国从2000年开始建设农产品信息可追踪系统，国家建立了统一的数据

库，英国农业联合会和4000多家超级市场密切合作，建设可追溯信息系统，该系统包括识别系统、代码系统，详细记载生产链中被监控对象移动的轨迹，可以从生产到销售的每个环节追踪检查产品，并规定不加入协会的生产商的产品不准进入这4000多家超市（杨芳，2008）。加拿大政府强调源头管理、过程控制，特别重视农产品生产过程的监管。在生产阶段，重视加强监察、调查、应急措施（检疫、消除、分区管理）和产品注册；在加工阶段，重视加强检验设施和程序、审查和认可食品加工企业的 HACCP 计划，并且核查其执行情况，对违规现象进行处理、取样和标签核查；而在分销和运输阶段，重视加强对冷藏实施、运输拖车、货船、集装箱、粮库和饲料厂的检查；在消费、零售、食品服务阶段，加强与其他公共卫生机构合作，重视对投诉问题的调查和产品召回，及时向公众通报险情、零售产品检验成分、标签、质量等内容，加强消费者食品服务教育等。2005 年 6 月 30 日，韩国政府对农产品质量控制法令进行了补充修订，引入了全方位的农产品追溯程序，并于2006 年 1 月开始在全国范围内执行该法令，参与追溯程序的农户必须首先到国家农产品质量管理服务处（NAQS）处登记（周绪宝，王文雅，2008）。

第四节 国外农产品质量风险评估与预警体系建设经验

农产品质量安全问题一旦发生，往往会产生无法挽回的损失。防患于未然，建立农产品质量风险评估与预警体系对于农产品质量安全管理具有十分重要的意义。1991 年，FAO、WHO 联合 CAC（国家食品法典委员会）召开会议，正式决定在食品安全危害评价中引入风险分析技术，并将农产品质量安全风险分析结果作为制定农产品安全监管措施的重要依据（汪禄祥，黎其万，2006）。国外农产品质量风险评估与预警体系建设的经验有：

一、建立权威的农产品质量风险评估与预警机构

欧盟食品安全局先后制定并完善了《管理委员会运行程序规定》《咨询论坛运行规定》《建立运行科学委员会和小组的规定》等核心制度文件，以确保各项风险评估和风险交流有序开展（陈松，翟琳，2008）。欧盟科学委员会负责向欧盟的有关机构提供营养风险问题、动物健康问题以及其他与食品有关的环境及化学方面的风险评估（钱永忠，2003）。其中德国对农产品风险的管理更为重视，建立了专门的风险评估机构联邦风险评估研究院（BFR）和专门的风险管理机构联邦消费者保护和食品安全办公室（BVL）。BFR 成立于 2002 年，该机构与欧盟食品安全总局和国内各研究机构密切合作，就食品、药品及消费品的安全问题向德国政府、BVL 以及国际组织提出政策建议；同时还负责向公众通报风险，使消费者对农产食品中可能的危害有足够的认识。BVL 也成立于 2002 年，其主要职能是在 BFR 的专业信息基础上进行风险管理，并提交管理方面的政策建议，同时在应对突发事件时由该局进行中心指挥（苏春森，2008）。在美国农产品质量风险评估与预警机构主要由美国环境保护署（EPA）、美国食品药物管理局（FDA）和美国食品安全检验署（FSIS）担任。目前美国的农产品安全风险分析及决策的重心已经由食品添加剂、药物和杀虫剂对农产品生产和供应中的危险性分析，转移到微生物病原菌等方面的风险分析（王芳，王敏，2008）。

二、建立有效的农产品质量安全风险评估与预警机制

2002 年，欧盟建立了食品与饲料快速预警系统（RASFF）。RASFF 以欧盟 178/2002 号食品安全法为基础，其目的在于为欧盟各成员农产品安全监管机构提供信息交换的途径，并及时采取措施确保食品安全。RASFF 系统涵盖了 25 个欧盟成员国、欧洲经济区的挪威和冰岛、列支

敦士登、欧盟委员会健康和消费者保护总署、食品安全管理局、欧盟自由贸易联盟、食品监管局。RASFF 作为欧盟成员国食品和饲料的风险信息交流平台，已成为欧盟乃至世界重要的预警信息交流窗口（唐晓纯，许建军，2012）。RASFF 通报类型主要分为市场通报、边境拒绝通报和新闻通报 3 类，并且每年都会发布年度报告，对一年来的通报数据进行分析和总结，对成员国的风险监测和预警控制有很好的参考价值（张星联，张慧媛，唐晓纯，2012）。

欧美国家以科学的危害分析作为农产品质量安全风险评估与预警的重要基础。HACCP 体系作为世界公认的行之有效的食品安全质量保证系统，在欧美等国家和地区的食品生产加工企业中得到广泛应用。HACCP 体系的目标在于有效预防和控制可能存在的食品安全隐患，通过对食品生产的整个过程进行分析，找出对食品安全有影响的环节，确定关键性的控制点，并为每个关键点确定衡量限制和监控程序，在生产中对关键点严密监控，一旦出现问题，马上采取纠正和控制措施消除隐患（食品质量安全保障体系研究课题组，2011）。HACCP 体系对农产品质量安全风险评估与预警体系的运行起到了重要支撑作用。

三、建立先进的农产品质量风险评估与预警技术体系

影响农产品质量安全的因素很多。对农产品质量风险评估与预警涉及到众多前沿技术和方法。在农产品质量风险评估与预警技术方面，美国走在世界前列。而真正深入推进美国建立先进农产品质量风险评估与预警技术体系的是 1996 年颁布实施的《食品质量保护法》（The Food Quality Protection Act，FQPA）。该法旨在保障农产品安全、保护儿童权益和解决法律体系不一致等问题。美国有两方面的风险评估与预警技术值得借鉴。一是蓄积性和累积性评估技术。目前不少国家在制订农产品中农药残留允许限量时主要基于针对单一摄入途径和单一农药作用模式。但事实上，不同年龄、不同类型的人群面临的风险是有差异的；由于人们的膳食结构不是单一的，往往同时摄入不同毒性机制、不同剂量

和不同剂型的农药残留。美国风险评估与预警机构充分考虑了这些情况，并提出了“风险杯”的概念，由此形成的风险称之为蓄积性风险（aggregate exposure）和累积性风险（cumulative exposure）。蓄积性风险是多途径摄入单一农药的风险；累积性风险是单一途径摄入具有相同毒性机制的多种农药的风险。美国将“风险杯”最大溢出阈值规定为人体每日通过多途径接触多种农药残留，在 70 年内刚好发生重大健康问题的总量。当“风险杯”可能溢出时，必须采取措施，如减少某种农药施用率、改变施药方式和收获间隔期，甚至停止某种农药使用等，以此规避风险（李耘，陈晨，2008）。蓄积性和累积性评估技术的运用提高了农产品质量风险评估与预警的科学性。二是农药对内分泌干扰作用的风险评估技术。该技术主要针对农药中可能存在对内分泌作用的协同效应、临界水平和剂量－反应模型进行研究，并分析农药对人体内雌激素、雄激素或其他内分泌系统可能产生的影响，以此为依据对农产品质量风险进行评估和预警。

第六章　中国农产品质量安全保障体系的优化

——基于非对称信息博弈理论的分析

信息不对称是阻碍中国农产品质量安全体系有效运行的最大“绊脚石”。本章通过建立非对称信息下的博弈理论模型，揭示了中国农产品质量安全体系有效运行的内在机制，并结合实际，分析了中国农产品质量安全体系存在的问题，提出优化中国农产品质量安全体系的构建策略。

第一节　非对称信息博弈的基本理论①

非对称信息博弈论（Asymmetric Information Game Theory）是非对称信息背景下非合作博弈论在经济学上的应用与发展。非对称信息博弈论研究的是非对称信息条件下的最优契约设计问题。理论上讲，如果契约能够完善地说明各种可能的情况并得到很好的实施，经济激励问题就可以得到解决。然而，这种理想境界只是在交易各方所掌握的信息完全相同的情况下才有可能实现。而现实中，交易各方信息不对称更具有普遍性。信息不对称的存在会引发各种机会主义行为的产生，从而使互利互惠的交易难以进行，造成帕累托最优无从实现。非对称信息博弈论中的信息不对称主要是指信息非对称发生的时间与信息非对称的内容两种情况。从发生的时间看，信息非对称可能发生在当事人签约之前，也可能

① 本部分主要参考了张维迎《博弈论与信息经济学》，上海人民出版社，2004 年。

发生在当事人签约之后。从信息非对称的内容看，信息非对称是指某些参与人的行动不可观测，或指参与人的知识不同。

在非对称信息博弈论中，几乎所有模型都可以放在委托人—代理人的框架下进行分析，非对称信息博弈论的核心是委托 - 代理理论。这里的委托人、代理人是根据参与人拥有信息的多寡来定义的。拥有私人信息的参与人称为“代理人”（agent），不拥有私人信息的参与人称为“委托人”（principal）。在一项契约安排中，委托人、代理人双方既有利益一致的一面，又有矛盾或冲突的一面。由于信息的不对称，代理人可能采取有利于自己但不利于委托人的行动，故委托人在进行机制设计时必须考虑对代理人的激励与约束问题。可以说，非对称信息博弈论研究的核心内容是最优交易契约的设计问题，主要的建模理论是委托 - 代理理论。在委托 - 代理理论下，委托人不能直接观测到代理人选择了何种行动，只能观测到代理人的行动所产生的一些效果指标，而这些效果指标中包含了外生随机因素的影响作用。故委托人只能根据观测到的信息，选择对代理人的激励与约束措施，以促使其朝着对自己有利的方向行动，所以，设计委托 - 代理模型即为设计一个能够使委托人根据观测到的信息对代理人实施奖惩的最优激励合同。一个委托 - 代理模型一般由三部分组成：委托人的期望效用函数、代理人的参与约束和代理人的激励相容约束。“参与约束”是指代理人接受合同下的期望收益要大于其他市场机会下能获得的最大期望收益；“激励相容约束”是指在一个激励合同下，代理人总是在所有可能的行动之中选择能使自己期望效用最大化的行动。

第二节 非对称信息博弈视角下中国农产品质量安全体系的运行模型

一、基本模型的构建

模型的博弈双方为农产品的提供者和农产品的消费者。其中消费者为事实上的“委托人”，而提供者为拥有农产品私人信息的参与人，是事实上的“代理人”。假定 A 是一个为提供安全农产品的一维努力变量，其努力内化在农产品之中。抽象掉农产品的其他质量因素，A 可代表农产品质量水平。假定农产品提供者提供的农产品数量为 Q，因质量和数量不能分离，因此，产出函数可设定为：

$$\pi = QA + \theta \tag{6.1}$$

其中 θ 是均值为 0 方差为 σ^2 的正态分布随机变量，代表外生的不确定性因素。π 代表综合产出水平。

消费者支付给生产者的报酬分为两个部分。一部分是基于数量 Q 的，每增加一单位产品，则增加支付 β_1；另一部分则是基于 π 综合产出水平（含有质量部分）的，每增加一单位产品，则增加支付 β_2 。消费者支付给生产者的报酬可表达为：

$$S = \beta_1 Q + \beta_2 \pi \tag{6.2}$$

假定消费者是风险中性的。则期望效用 η 等于期望收入：

$$E[\eta(\pi - S)] = -\beta_1 Q + (1 - \beta_2) QA \tag{6.3}$$

假定生产者具有绝对风险不变规模特征。即 $\mu = -e^{\rho\omega}$ ，其中 ρ 为绝对风险规避度量，ω 为实际货币收入。假定生产者努力成本 $C(A) = BA^2/2$ ，其中 B 大于 0，为成本系数。则生产者的实际收入为：

$$\omega = S - C(A) = \beta_1 Q + \beta_2 (QA + \theta) - BA^2/2 \tag{6.4}$$

生产者的确定性等价收入为：

$$E\omega - 1/2\rho\beta_2^2\sigma^2 = \beta_1 Q + \beta_2 QA - BA^2/2 - 1/2\rho\beta_2^2\sigma^2 \tag{6.5}$$

令 ϖ 为生产者的保留收入，如达不到保留收入，农业生产者会放弃农业生产。生产者的参与约束为：

$$\beta_1 Q + \beta_2 QA - BA^2/2 - 1/2\rho\beta_2^2\sigma^2 \geqslant \varpi \tag{6.6}$$

二、对称信息下的模型分析

假定消费者对生产者的质量安全努力完全可知，是信息完全对称的。则消费者的问题是下列最优化问题：

$$\mathrm{Max}E[\eta(\pi - S)] = -\beta_1 Q + (1-\beta_2)QA$$

$$\text{s. t. (IR)} \quad \beta_1 Q + \beta_2 QA - BA^2/2 - 1/2\rho\beta_2^2\sigma^2 \geqslant \varpi \qquad (6.7)$$

解此最优化问题，可得：

消费者的最优努力水平 $A = Q/B$；$\beta_2 = 0$，$\beta_1 = (\varpi + 1/(2B))/Q$。由此我们可以得出以下四个结论：

（1）当质量信息是对称的情况，$\beta_2 = 0$，消费者支付给生产的报酬是完全基于产品数量特征的。

（2）当质量信息是对称的情况，消费者支付给生产的报酬（$\beta_1 Q$）等于保留收入和基于质量安全的努力成本，实现了“一份付出得到一份收获”。

（3）当质量信息是对称的情况，与农产品数量成正比。因此，从农产品生产与供给体系来看，既使质量信息是对称的，小规模生产者在质量安全上的努力不如大规模生产者。对于大规模生产者而言，注重质量安全获得的收益更高，或者说不重视质量安全损失更大，因此大规模生产者具有更加重视质量安全的动机。

（4）生产者的质量安全努力与成本系数成反比。生产者控制质量安全的成本越低，则其控制质量安全的动机越强。控制质量安全的成本受多方面的影响。一是外部环境因素，如土壤质量下降、环境恶化、前期的农药和化肥的过度施用，都会增加生产者控制质量安全的成本。二是生产者自身的能力水平。如优质的农村劳动力外流至城市，农村劳动力素质下降必然会影响农业生产者的控制质量安全的成本。三是生产者质量控制的技术水平。因此，从以上三个方面进行农产品生产与供给体系的优化，对提高农产品质量水平具有重要意义。

三、信息不对称下的模型分析

当消费者对生产者的质量安全努力完全不可知，则存在信息不对称。生产者的激励相容约束为 $A = \beta_2 Q/B$。则消费者的问题是下列最优化问题：

$$MaxE[\eta(\pi - S)] = -\beta_1 Q + (1-\beta_2)QA$$

$$\text{s. t. (IR)} \quad \beta_1 Q + \beta_2 QA - BA^2/2 - 1/2\rho\beta_2^2\sigma^2 \geqslant \varpi$$

$$\text{(IC)}\ A = \beta_2 Q/B \tag{6.8}$$

其一阶条件为:

$$Q^2/B - \beta_2 Q^2/B - \beta_2\rho\sigma^2 = 0 \tag{6.9}$$

最终解此最优化问题，可得:

$$\beta_2 = \frac{Q2}{Q^2 + \rho B\sigma^2} \tag{6.10}$$

由此可知，$0 < \beta_2 < 1$。因此，消费者支付给生产者的报酬，不完全是基于产品数量特征的，还有基于质量特征的。

进一步，我们可以计算非对称信息下的生产者对于质量安全的努力水平:

$$A = \beta_2 Q/B = \frac{Q}{(1+\frac{\rho B\sigma^2}{Q^2})B} < Q/B \tag{6.11}$$

由于信息的不对称，生产者对于质量安全的努力水平严格小于对称信息下的水平 Q/B，因此，当消费者对生产者的质量安全努力完全不可知，农产品质量安全必然有所下降。从这一意义上而言，提高农产品质量安全的关键之举在于如何让消费者更多地知晓和判断农产品质量。

由于信息不对称，消费者会产生额外的风险成本，即净福利损失:

$$\Delta RC = 1/2\rho\beta_2^2\sigma^2 = \frac{Q4\rho\sigma^2}{2(Q^2+\rho B\sigma^2)^2} \succ 0 \tag{6.12}$$

同时还会产生期望产出的净损失，即在信息对称条件下的期望产出 π_1 和信息不对称下的期望产出 π_2 之差:

$$\Delta E(\pi) = E(\pi_1 - \pi_2) = \frac{\rho B\sigma^2}{(1+\frac{\rho B\sigma^2}{Q^2})QB} > 0 \tag{6.13}$$

四、带有信号因子的信息不对称模型分析

虽然消费者对生产者的质量安全努力不直接可知，但如果可以观测

到与农产品质量安全相关联的其他信息，这些信息可以作为农产品质量安全的外显信号即“信号因子”。“信号因子”可以降低代理成本，提高生产者的质量安全努力水平，最终提高农产品质量。有效运行的农产品质量标准与认证体系、农产品质量检测与监督体系和农产品质量风险评估与预警体系都是通过提供反映农产品质量安全的“信号因子”从而达到控制农产品质量安全的目的的。下面在信息不对称模型的基础上进行拓展，建立带有信号因子的信息不对称模型进行分析。

假定一个可观测的“信号因子”为 ξ，与综合产出水平 π 相关。假定 ξ 具有正态分布，均值为0，方差为 σ_ξ^2。消费者支付给生产者的报酬时，既考虑产量因素，同时考虑综合水平，还要考虑到“信号因子”。消费者支付给生产者的报酬可表达为：

$$S = \beta_1 Q + \beta_2(\pi + \tau\xi) \qquad (6.14)$$

式中 τ 为生产者与 ξ 的关系，其他符号的含义与上一模型一样。

在此情况下，生产者的确定性等价收入为：

$$E\omega - 1/2\rho\beta_2^2\text{var}(\pi + \tau\xi) = \beta_1 Q + \beta_2 QA - BA^2/2 - 1/2\rho\beta_2^2(\sigma^2 + \tau^2\sigma_\xi^2 + 2\tau\text{cov}(\pi,\xi)) \qquad (6.15)$$

式中 $\text{cov}(\pi,\xi)$ 为综合产出 π 和 ξ 之间的协方差。

生产者的激励相容约束为最大化确定性等价收入，其最优化的一阶条件为 $A = \beta_2 Q/B$。则消费者的问题是下列最优化问题：

$$MaxE[\eta(\pi - S)] = -\beta_1 Q + (1 - \beta_2)QA$$

s. t. (IR)

$$\beta_1 Q + \beta_2 QA - BA^2/2 - 1/2\rho\beta_2^2(\sigma^2 + \tau^2\sigma_\xi^2 + 2\tau\text{cov}(\pi,\xi)) \geqslant \varpi$$

$$(IC)\ A = \beta_2 Q/B \qquad (6.16)$$

最终解此最优化问题，可得：

$$\tau = -\text{cov}(\pi,\xi)/\sigma_\xi^2$$

$$\beta_2 = \frac{Q2}{Q^2 + \rho B(\sigma^2 - \text{cov}^2(\pi,\xi)/\sigma_\xi^2)} \qquad (6.17)$$

由于 $\sigma^2\sigma_\xi^2 \geqslant \text{cov}^2(\pi,\xi)$，因此，$0 < \beta_2 < 1$，消费者支付给生产者的报酬，不完全是基于产品数量特征的，还有基于质量特征的。

由于 $\beta_2 = \frac{Q2}{Q^2 + \rho B(\sigma^2 - \text{cov}^2(\pi,\xi)/\sigma_\xi^2)} \succ \frac{Q2}{Q^2 + \rho B\sigma^2}$，因此，在有“信号因子”的情况下，生产者分享的剩余份额要高一些。

进一步，我们可以计算出有“信号因子”的生产者对于质量安全的努力水平：

$$A = \beta_2 Q/B = \frac{Q3}{(Q^2 + \rho B(\sigma^2 - \text{cov}^2(\pi,\xi)/\sigma_\xi^2))B} > \frac{Q}{(1 + \frac{\rho B\sigma^2}{Q^2})B} \tag{6.18}$$

由于在有“信号因子”的情况下，β_2 更大，自然生产者对于质量安全的努力水平会更高。因此，“信号因子”的引入，可以提高农产品质量安全水平。通过建立有效的农产品质量标准与认证体系，具有无公害农产品、绿色食品和有机食品标志的农产品或具有地理标志的农产品，本身会发出质量安全的相关“信号”，因此会提高农产品质量安全的作用。农产品质量检测与监督体系的有效运行，将相关的质量检验结果和监督信息公诸于众，农产品质量风险评估与预警体系的有效运行为消费者提供质量风险评估与预警信息，都会起到引入“信号因子”的作用。

第三节　中国农产品质量安全体系存在的主要问题

一、中国农产品生产与供给体系存在的问题

1. 小农生产格局为主，生产信息无法回溯或回溯成本太高

1978 年中国农村改革以来，我国实行的是家庭联产承包责任制，其实现形式是一家一户的分散经营。同时，我国人多地少，人均耕地面积少，根据 2011 年底的农村住户抽样调查资料，我国人均经营耕地面积仅 2.3 亩，人均经营山地面积仅 0.49 亩，人均园地面积和养殖水面面积分别为 0.11 亩和 0.04 亩。人均经营耕地面积最多的是黑龙江和内蒙古，分别为 12.85 亩和 10.72 亩。因此很难实现规模经

营。各地区农村居民家庭土地经营情况见表6－1。同时，中国土地细碎化十分严重，平均地块大小只有0.087公顷，户均地块数6.1块（谭淑豪，曲福田，尼克．哈瑞柯，2003）①。土地细碎化浪费了中国农地有效面积的3%～10%②，使生产每吨谷物的劳动力成本增加了115元，土地生产率降低了15.3%③。由于以上原因，中国农业的小农生产格局已成为一种普遍现象。虽然2013年中央一号文件已提出大力推进家庭农场的重大举措，但由于中国人多地少的格局无法改变，农村人口的庞大数量以及中国社会保障制度在短期内很难完善，中国小农生产的主体格局在短期内无法改变。根据前面的模型分析，小规模农业生产者进行安全生产的动机本身弱于大规模生产者。同时，小规模生产难以集中管理，生产信息无法回溯或回溯成本太高，使得政府监管困难或监管成本过高。因此，小农生产格局从生产源头就埋下了“不安”的种子。根据统计分析，严格按照标准化要求组织生产的农产品占全国各类农产品生产总量的份额仅为15%，上市农产品按标准化要求组织生产、加工的比例不到上市总量的20%，而生产、加工全过程严格按标准要求实施的比例更小（金发忠，2007）④。

表6－1　各地区农村居民家庭土地经营情况（2011年底）

单位：亩/人

地　区	经营耕地面积	经营山地面积	园地面积	养殖水面面积
全　国	2.30	0.49	0.11	0.04
北　京	0.48	0.13	0.12	0.01
天　津	1.41	0.01	0.01	0.01
河　北	1.87	0.09	0.09	

① 谭淑豪，曲福田，尼克·哈瑞柯．土地细碎化的成因及其影响因素分析［J］．中国农村观察，2003（6）．

② Zhang L.，J. Huang and S. Rozelle（1997）. Land policy and land use in China. Agricultural Policies in China.

③ Guang H. Wan and Enjing Chen（2001）. Effects of land fragmentation and returns to scale in the Chinese farming sector. Applied Economics，2001，（33）：183～194.

④ 金发忠．农产品质量安全概论［M］．中国农业出版社，2007.

续表

地区	经营耕地面积	经营山地面积	园地面积	养殖水面面积
山西	2.60	0.16	0.24	
内蒙古	10.72	0.39	0.01	
辽宁	3.73	0.38	0.11	0.02
吉林	8.34	0.05	0.01	
黑龙江	12.85			
上海	0.26		0.01	0.01
江苏	1.22	0.01	0.02	0.10
浙江	0.53	1.13	0.07	0.02
安徽	1.87	0.28	0.07	0.09
福建	0.71	0.92	0.24	0.09
江西	1.52	1.23	0.10	0.03
山东	1.60	0.03	0.08	
河南	1.53	0.09	0.02	0.01
湖北	1.62	1.23	0.11	0.31
湖南	1.18	0.83	0.06	0.04
广东	0.53	0.58	0.11	0.07
广西	1.30	0.81	0.15	0.04
海南	0.74	0.80	0.44	0.06
重庆	1.27	0.33	0.03	0.02
四川	1.15	0.46	0.25	0.02
贵州	1.10	0.73	0.03	
云南	1.56	1.32	0.22	
西藏	1.79		0.01	
陕西	1.52	0.66	0.28	
甘肃	2.73	0.64	0.10	
青海	2.40	0.12		
宁夏	3.47	0.33	0.07	
新疆	5.73	0.08	0.30	

本表为农村住户抽样调查资料。

2. 中国农业资源短缺，农业生产环境破坏严重，农产品不安全因素较多

中国的农业资源越来越紧缺。中国现有耕地 18.26 亿亩，其中中低产田占 2/3。从 1996 年到 2008 年，中国的耕地面积减少了 833.3 万公顷。目前，中国人均土地资源仅仅是世界平均水平的 40%，水资源和森林资源仅仅是世界平均水平的 1/4。在这种资源状态下，化肥、农药等投入是全世界规模最大的，然而其利用效率又非常低。中国化肥的利用率仅仅 35%，农药的利用率仅仅 30%，水的利用率只有 40%，有效灌溉面积只有 48%（张红宇，2007）。中国农业增长的科技含量很低，来自科技进步的贡献大约为 52%，而一般发达国家在 75% 以上；中国农机使用率只有 50%，手工劳动依然占有一半。近几年来，中国重要农产品进口数量不断增加，2013 年进口谷物和谷物粉 1398 万吨、大豆 5838 万吨、糖 370 万吨、肉 220 万吨、奶制品 110 万吨、奶粉 56 万吨。按照现有产量计算，进口数量需要 6 亿亩土地（中国一共 18.2 亿亩耕地，加上有些地方一年种两季三季，全年的播种面积是 24 亿亩左右）才能满足中国当前的需求。因此中国现在国内的生产仅能满足国内需求的 80%。[①] 同时，中国主要依靠增加投入获得增长的农业生产方式不仅带来了资源浪费，还带来了巨大污染。全国污染源的普查结果显示，COD 的排放，农业占到 47%；氮和磷的排放，农业占到 50% 以上。中国现在的农业发展一定程度上是以牺牲未来的土壤资源、自然环境为代价的（陈锡文，2010，2011）。从当前和未来发展看，耕地、淡水等资源的刚性约束进一步加剧，生态环境保护的压力越来越大。由于农产品数量具有一定短缺性，政府往往会放松生产管制，社会的监督也会弱化，社会与政府对农产品质量安全的容忍度会提高，这会进一步恶化农业生产环境，形成农产品质量安全的恶性循环。

3. 农药和化肥的源头控制存在问题

农药和化肥是危及农产品质量安全的“罪魁祸首”。根据 2004—2011

① 陈锡文．凤凰大学问，2013（58）．凤凰网资讯 http：//news.ifeng.com/，2013－07－05.

年中国农产品质量安全事件调查结果，中国农产品质量安全事件80%以上是由过度或不正确使用农药或化肥引起的。更令人忧虑的是，目前我国尚未建立有效控制农药和化肥施用量的强制性源头防控机制。1997年，中国平均每亩农田施用农药0.49公斤，2011年达到每亩0.82公斤，年均增长4%。农药费用也大幅增加。1997年，稻谷每亩农药费用15.42元，2011年达到44.51元，增长了1.89倍，年均7.87%；1997年，苹果每亩农药费用125.88元，2011年达到270.48元，增长了1.15倍，年均5.62%。1997年，甜菜每亩农药费用6.06元，1997年-2011年中国部分农作物农药费用情况见表6-2。2011年达到13.81元，增长了1.28倍，年均6.06%。同时，大量使用化肥，1997年，中国平均每亩农田施用化肥16.47公斤，2011年达到每亩24.17公斤，年均增长3%。目前中国农用化肥单位面积平均施用量是国际安全上限的1.6倍（国际公认的化肥施用安全上限是225千克/公顷），相当于美国的3倍。

表6-2　1997—2011年中国部分农作物农药费用情况

单位：元/每亩

年份	稻谷	大豆	苹果	玉米	棉花	粳稻	甜菜	油菜籽
1997	15.42	4.55	125.88	3.93	48.51	19.03	6.06	4.37
1998	15.02	3.76	112.01	4.37	51.7	19.94	6.49	4.85
1999	15.59	5.01	120.74	4.16	40.73	19.37	4.84	5.79
2000	14.87	5.52	127.66	4.08	39.99	18.57	5.87	4.95
2001	15.58	4.33	118.58	4.34	36.92	20.79	5.73	5.48
2002	15.5	5.13	85.98	4.71	34.25	19.84	6.17	5.41
2003	17.45	5.18	123.73	4.62	37.83	22.32	6.09	5.19
2004	22.22	8.82	126.08	5.62	32.49	29.24	5.51	6.09
2005	28.68	8.65	106.53	6.49	37.01	40.3	6.41	6.45
2006	33.6	7.43	158.01	6.6	42.48	44.02	5.98	6.96
2007	37.33	8.23	172.02	7.96	47.71	49.84	6.03	7.25
2008	42.37	9.81	230.23	9.59	54.16	52.43	8.23	8.46
2009	40.69	10.61	256.61	9.95	54.2	47.12	8.1	9.22
2010	43.17	11.56	287.21	10.93	56.14	50.12	9.5	9.49
2011	44.51	12.01	270.48	12.23	65.1	50.36	13.81	11.32

二、中国农产品质量标准与认证体系存在的问题

1. 农产品认证的权威性不够，人们对其认可度不高

虽然中国已推进“三品一标”认证制度多年，但消费者对“三品一标”的认可度不高，很多违反国家认证和监管制度的现象时有发生，少数“三品一标”生产主体责任意识不强，诚信自律不够，违规使用农业投入品，导致产品存在安全风险和隐患；无公害农产品和地理标志农产品用标率过低，绿色食品和有机食品在一定程度上还存在着超期、超范围用标的问题（潘林青，董峻 2012）①。消费者对无公害农产品、绿色食品和有机食品的认知程度不太高。根据浙江省温州市随机抽取的 431 份问卷调查显示，消费者对绿色食品的认知程度最高，知道绿色食品的人数占 91.9%，知道无公害农产品的人数占 73.5%，知道有机食品的人数只占 66.4%。而购买过无公害农产品、绿色食品和有机食品的人数只有 28.8%②。其主要原因于，他们认为虽然有相关标识，但对其依然不放心。（曾寅初、夏薇和黄波 2007）对北京市 300 名消费者调查发现，对现有绿色食品完全放心的只有 17 人，占 5.7%；基本放心的有 149 人，占 49.7%；不放心的有 78 人，占 26.0%；不清楚的有 56 人，占 18.6%③。对于地理标志制度而言，人们对其认可度也不高。我国地理标志制度有国家质检总局对地理标志产品的保护、国家农业部对农产品地理标志进行登记保护、国家工商总局对作为集体商标、证明商标注册的地理标志产品的保护。3 个部门共同管理，职责不明，造成了地理标志保护制度的混乱。人们将地理标志与普通商标同等对待，没有对地理标志进行特殊保护。地理标志申请人面对多套法律规定无所适

---

① 潘林青，董峻．“三品一标”成为安全优质农产品主导品牌，新华网，2012－12－07.

② 童晓丽．安全农产品购买意愿和购买行为的影响因素研究——基于浙江省温州市城镇居民的实证分析［D］．浙江大学硕士毕业论文，2006.

③ 曾寅初，夏薇，黄波．消费者对绿色食品的购买与认知水平及其影响因素——基于北京市消费者调查的分析［J］．消费经济，2007（1）：38－42.

从，有些甚至既申请注册证明商标又注册农产品地理标志，不仅加重了权利人的负担，而且容易引发权利冲突和法律纠纷①。

2. 农产品标准体系不健全，对生产行业和消费者的指导性和引导性较差

近年来，中国高度重视农产品标准体系的建设，截至2010年底，农业部已组织制定农业国家标准和行业标准4800余项，有关农产品安全限量标准和检验检测方法标准1800多项。但目前的建设水平与广大消费者的要求相比还存在很大距离。一是现有的质量安全标准还不系统和完整，目前质量标准体系还没有覆盖所有农产品，相关标准的细化指标没有覆盖到农产品产地环境、农业投入品、生产规范、产品质量、安全限量、检测方法、包装标识、储存运输等所有环节。二是标准更新速度较慢。现有的部分质量安全标准水平较低，不少农业质量安全标准已低于国际或发达国家要求的标准。一些发达国家为了制造绿色壁垒，提高了产品标准。而我国的反应速度很多时候跟不上节奏，标准制度缺乏前瞻性，从而对农业生产产生干扰。三是标准的执行体系不健全，不少农产品虽然制订了质量安全标准，但不少生产者不按照标准进行操作，也有不少相关监督机构也不按标准进行检测，相关法规体系不完善，农产品卫生安全方面的强制性标准没有得到强制实施和监控。四是农产品的分级标准不健全。美国为600多种农业商品建立了统一的分级标准，可以自动确定质量与价值等级，可用于产品报价，买方出价，损坏索赔，贷款评估，期货贸易，军用品和其他政府采购以及市场动态报告等，可以帮助消费者和销售者在互相认可的质量水平上进行交易，有利

---

① “东阿阿胶”就是例证。早在1978年，东阿阿胶集团就注册“东阿”和“东阿阿胶”商标。2000年，“东阿”被国家商标局认定为中国驰名商标。但在2002年2月，国家质检总局发布公告，认定“东阿阿胶”为原产地标记并予以保护，同时，“东阿牌”等被纳入原产地标记保护之列。对此，东阿阿胶集团认为，公告将它认定为原产地标记，侵犯了该集团对这一注册商标依法享有的权利。也有企业为此而惹上官司。2004年，驻马店一家企业产的小磨香油，被国家质检总局认证为“国家地理标志保护产品”。后该企业在产品标签上注明“正宗驻马店小磨香油认证”字样，但平顶山市新华区工商分局认为，标签上的“正宗”二字涉嫌虚假宣传。2010年8月该局对企业作出责令停止违法行为和罚款4万元的行政处罚。后来，企业将工商部门告上法庭，该案被称为“国家地理标志产品第一案”。

于促进农产品市场的公平和效率。而中国的质量分级标准体系还很不健全，标准中的分级内容过于笼统，缺乏针对性，分级标准与检验认证结合不紧密，有些标准量化指标不多，缺乏可操作性；有些标准与市场脱节，不能满足消费者的需求。因此，中国目前很多质量分级标准没有得到生产行业的一致认可，分级标准对生产行业和消费者的指导性和引导性较差。

3. 农药残留标准数量不足，更新速度慢

农药残留是导致农产品质量安全问题的最重要因素。各国政府都十分重视农药残留标准体系的建设。中国也非常重视食品及农产品质量安全，于1995 年和2006 年先后颁布了《食品卫生法》和《农产品质量安全法》，并于2009 年6 月1 日开始实施《食品安全法》。这些食品安全管理法规的出台，为食品及农产品中农药 MRLs 的制定提供了法律依据。目前，中国农药的 MRLs 标准主要由国家标准和行业标准两部分组成，国家标准由卫生部和国家标准化管理委员会共同发布，行业标准主要由农业部发布，属农业行业标准。中国于 2005 年 1 月 25 日发布了《食品中农药最大残留限量》国家标准，并于 2005 年 10 月 1 日开始实施。该标准代替并废止了以前 34 个食品中农药残留限量国家标准，共包括了 136 种农药的 478 项 MRLs。为了弥补国家标准的不足，农业部也加快了行业标准的制定，截至 2009 年，中国共制定了 118 种农药在68 种食品和农产品中的 329 项 MRLs 农业行业标准[①]。目前中国已制定了 208 种农药的 2319 项 MRLs 标准。但中国在制定农残标准方面起步较晚，与日本、欧盟、美国相比具有很大差距，与国际食品法典委员会（CAC）的标准也存在很大距离。目前国际食品法典委员会（CAC）的农残标准有 3338 项、美国的 11000 多项、日本的 51600 多项和欧盟的145000 多项，中国的农残标准数量仅为国际食品法典委员会（CAC）农残标准数的 69.5%、美国的 21.1%、日本的 4.5% 和欧盟的 1.6%。同时，中国目前制定的标准严重滞后，不少是 10 年前登记的农药，很

① 资料来源于中国农化网：http：//www. agrochemnet. cn/zt/mrls. html.

多已禁止生产、销售和使用，而不少在市场上新出现的农药没有及时制定出相应标准，因此，生产者极易运用新药来规避农残标准的约束。很多农残标准成为了“摆设”。

三、中国农产品质量检测与监督体系存在的问题

1. 检验检测体系设置不健全，运行效率低

目前中国农产品的检验检测体系不健全，数量较少，专业人员不多，运行效率较低。截至2010年底，全国检验、计量人员（镇）74149人，通过计量认证的粮食检验机构数为416个。农产品质量检测手段技术落后。如在农药残留检测方面，美国FDA的多残留检测方法可检测360多种农药，德国的DFG（德国科学基金会）方法可检测325种农药，加拿大多残留检测方法可检测251种农药，而中国缺乏同时测定上百种农药残留的分析技术。在环境污染监测方面，发达国家拥有二恶英及其类似物的超痕量检测技术，瘦肉精、激素、氯丙醇的痕量检测技术和大型精密仪器，而中国尚缺乏这些环境污染物的有效、快速检测方法、技术和设备（食品质量安全保障体系研究课题组，2011）①。中国检测项目大多仅限于农药、化肥、土壤和重金属残留等，不少市、县级现有检测机构存在设施档次低、检测功能不全、开展例行检测缺乏经费保障等问题，并且农贸集市、批发市场以及多数超市和部分生产企业没有设立专门的农产品质量安全检测室，缺少基本检测设备和专业人员。不少检测机构的检测能力与现实要求存在较大差距。以农业部柑橘质检中心为例，目前其检测产品和参数极为有限，通过计量认证和审查认可的产品有柑橘苗木、柑橘鲜果及其制品、桃鲜果和梨鲜果，并且主要是质量参数和几种农药残留、重金属，年检样品总量能力1000余个。随着柑橘产业的快速发展和国内外市场竞争的加剧，更多企业和管理部门向柑橘专业质检中心提出更高要求，希望对从生产到消费全程产品、环

---

① 食品质量安全保障体系研究课题组．国外食品安全保障体系及对我国启示［J］．中国党政干部论坛，2011（7）：26－29.

境质量与安全进行监督检验，涉及产品还包括柑橘园土壤、大气、水体、肥料、激素、农药、除草剂等。但因为柑橘质检中心仪器设备陈旧老化与不配套、检测手段与检测技术欠先进，使得检测范围、检测产品、检测参数与精度严重受限，检测成本较高，进而影响柑橘生产者和管理者对产品送检的积极性和期望值，导致柑橘生产经营者不了解投入品、产出品、经销品的质量与安全水平，盲目经营。中国柑橘水果进入国际市场时，必须按进口国（地区）规定的质量和安全项目进行检验，并向对方提供有效的检验报告。据了解，美国、日本、欧盟等都对柑橘水果及其制品规定了多项外观和内质指标，严格规定了 100 多种农药残留、10 余种重金属最高限量，并对检疫性病虫害作了严格规定。由于当前检测能力较差，柑橘质检中心远不能覆盖国外标准规定检测项，极大地阻碍了中国柑橘产品的出口。此外，中国人口众多，农产品市场十分分散，现有的检验体系很难发挥应有的监督作用。设计普通老百姓能够在菜市场可快速检测农药和其他农产品安全的低成本方法，可以将社会力量引入检测和监督体系，对于中国现有无法从根本上改变小农生产的状况下，具有极其重大的意义。但目前在超市、农贸市场都没有配套这些简易的检验手段，也没有研制出有效的老百姓自己可以使用的简易、快速的检验检测技术。

2. 监管机构设置不科学，尤其是基层监督机构设置存在激励不相容问题

中国农产品质量监管机构设置过于分散，现行的产品质量安全执法权限分属于农业、商务、卫生、工商、质检等部门，导致了部门立法，各自执法，重复执法的现象，对于同一农产品不同部门往往制定出不同的标准。并且由于同一种食品从“农田到餐桌”的各个环节都分别由不同的监管主体负责，因此不同的监管部门常常会发生监管权模糊不清，管理活动缺乏一致性的现象。职能分离使得本来由一个部门可以管好的事情分别由几个部门来管，浪费管理资源。2013 年，虽然已经着手开始进行改革，但依然还存在一些部门之间的牵扯，推进效果的显现还需一定时日。由于农村的分散性，上层管理资源相对有限，往往无法直接深入到农业生产的第一线，所以，建立一支能有效监督农产品质量安全的基层队伍对于保障农产品质量安全至关重要。因此，十七届三中全会要求，要将农产品质量安全机构下沉，在乡镇建设农产品质量安全监管机构。为了节约资源，目前大多乡镇的农产品质量监督机构与乡镇农业技术服务站合二为一。目前的乡镇农业技术服务站虽然为事业单位，但大多在经营农药和化肥，具有一定程度的盈利追求，这与其农产品质量监督功能存在着明显的利益上的冲突，导致乡镇的农产品质量监督机构成为了“摆设”。不少农业技术服务站将推销农药和化肥、追求利益最大化放在首位，而往往忽视了农产品的质量安全，因此基层农产品质量监督机构设置存在严重的激励不相容问题。基层监管投入不足，如江西省2011年11个省1个设区市、99个县（市、区）农业部门农产品质量安全监管工作经费合计为870余万元，平均不到8万元[①]。

3. 管理制度存在缺陷，制度执行效率较低

一是农产品质量安全检验检测制度不规范。农业部要求部、省、县级农产品质量安全检验检测机构，应在人员机构、管理制度、仪器设备、环境条件、检测工作和检验报告等方面符合机构授权（或资格）认可和计量认证要求。但事实上，不少机构在内部管理制度上存在运作不规范、出具检验检测报告比较随意的行为。一些检验检测机构在应付评估检查时比较规范，但在实际运作时大打折扣，甚至还有一些检测机构主要由兼职人员承担专业检验任务。二是监督惩处存在不够严肃的现象，缺乏规范化和持续性。大多数情况是在出现农产品安全事故后，在社会舆论的压力下，安全监管部门开始进行大力处理整治，可是当社会舆论不再关注后，相关生产者又开始故伎重演，“春风吹又生”。同时，中国对农产品质量安全的惩处力度不大，多数情况下以罚款或停止销售为主，不具有足够的震慑力。三是制度管理存在空白区域。目前对农产品的追踪、检查以及快速反应机制、召回制度等方面还存在制度缺位，还缺乏专门规制从生产、加工、储藏、销售等从田间到餐桌的各个环节

① 江西省人大常委会执法检查组. 关于检查《中华人民共和国农产品质量安全法》实施情况的报告.

生产经营行为的系统性立法。四是中国目前尚没有健全的市场准入制度，关于农产品市场准入的规定较少且都只是散布在中央和地方的法律规范性文件中，而中国的《农业法》中甚至没有提到“市场准入”的相关概念。

四、中国农产品质量安全评估与预警体系存在的问题

目前，中国农产品质量安全风险评估与预警还处于探索阶段。多数农产品质量安全标准中的指标还没有应用风险评估。中国农产品质量安全评估与预警体系还存在诸多问题。

1. 中国农产品质量安全评估与预警平台功能不完善

中国专业的农产品风险评估机构成立较晚，大规模的专业和区域性的农产品风险评估实验室在2011年以后才开始起步。目前基本形成了国家农产品质量安全风险评估机构、风险评估实验室和主产区风险评估实验站组成的国家农产品质量安全风险评估体系。但这些平台大多还处于建设之中，其功能还没有真正发挥出来。

一是风险评估实验室的有效工作机制还没有完全建立起来。根据农业部下发的农质发〔2011〕13号文件第九条规定：“风险评估实验室承担授权范围内的农产品质量安全风险评估、风险监测和风险交流任务，开展科学研究和营养功能评价，承担县级以上农业行政主管部门委托的农产品质量安全相关工作。”同时，第三十四条规定“风险评估实验室应当定期对风险评估、风险监测工作进行总结和会商，每半年向所在省级农业行政主管部门（或者上级业务主管部门）、国家农产品质量安全风险评估机构和农业部农产品质量安全监管局至少报告1次工作。重大发现、政策建议和突发性问题，应当及时报告。”根据这些规定，风险评估实验室具体的工作任务和职责依然不明确，相关工作任务以不确定的委托形式执行，无明确的法定任务安排。

二是风险评估实验室工作队伍和经费保障存在一些问题。由于专业性风险评估实验室原则上从中国农业科学院、中国热带农业科学院、中

国水产科学研究院所属研究机构和农科类重点高等院校中择优选建；区域性风险评估实验室主要从建有专门农产品质量安全或者质量标准检测研究机构的省级农科院中择优选建；产品主产区风险评估实验站原则上从农产品主产区所在地区农科院（所）和省及省级以下农产品质量安全检测机构中择优选建。因此很多风险评估实验室是“两套班子、一套人马”，兼职现象严重，专业队伍无法保证，大多数风险评估实验室缺乏成熟的风险评估人才团队。同时风险评估实验室技术委员会由2/3的外单位人员组成，协调成本较高，目前大多数风险评估实验室技术委员会的作用发挥有限。根据农质发〔2011〕13号文件，风险评估实验室的基本支出和人员经费由依托单位足额落实，所需风险评估工作经费由风险评估和风险监测任务下达部门（单位）通过年度预算落实，风险评估实验室能力建设所需资金纳入各级政府农产品质量安全监管体系能力建设范围统筹规划和落实。因此，其长期的运行资金短缺，制约其工作的顺利开展。

三是国家农产品质量安全风险评估机构还没有真正建立起来，其统领协调作用没有得到真正发挥，风险评估和预警的权威性、有效性和及时性没有得到充分体现。

2. 中国农产品质量安全评估与预警技术比较落后

一是一些重要的风险评估技术没有实现突破。由于不同年龄、不同类型的人群面临的风险是有差异的；人们的膳食结构不是单一的，往往同时摄入不同毒性机制、不同剂量和不同剂型的农药残留。因此掌握各种农药的蓄积性和累积性评估技术是十分重要的。而目前我国在此方面没有明显的突破，同时农药对内分泌干扰作用的风险评估技术也还没有研究突破，因此当前中国在制定《食品中农药最大残留限量标准》《食品中污染物限量》及兽药典均较大程度地引用CAC标准的风险评估数据。由于我国的人群存在差异，这些风险评估数据的有效性大打折扣，相关指标的适应性存在较大的质疑。二是中国还没有建立起能够有效支撑农产品质量安全评估与预警技术的数据库。农产品质量安全评估与预警要具有科学性和适用性，必须考虑具体区域的众多危害因素，这就需要有大型数据库的支持。目前，国内大多数专家在进行风险评估时应用的毒理学、流行学等数据大都是从国外文献或国外数据库中获得的，这严重影响了我国风险评估的准确性（宋卫国，赵志辉，2008）。三是一些农产品风险评估工具模型大多从国外借来，缺少适用性。目前，不少中国专家运用的农产品风险评估工具模型，如农药安全评价模型、暴露评估模型、微生物生长和存活预测模型和重金属转化模型等原创性较少，大多直接从国外直接"借"过来，很多没有根据实际情况进行调整和改变，其评估与预警的可信度下降。四是评估与预警的指标体系不完善。由于中国的农产品质量与中国农村改革与农业发展转型高度相关，相关指标体系中对宏观经济社会指标的关注不够，一些重要的影响变量反映不充分，从而导致农产品质量安全评估与预警的精准度下降。

3. 中国农产品质量风险评估和预警信息披露不健全

农产品质量风险评估和预警的主要目的在于"防患于未然"。要达到此目的的关键在于质量风险评估和预警的相关信息要让当事人知晓。因此建立健全农产品质量风险评估和预警信息披露十分重要。目前，大多数发达国家都建立了有效的农产品质量风险评估和预警信息披露机制。特别是德国，其风险评估结果的发布制度强调了公开性和透明度。通过风险评估者、风险管理者、消费者、企业、学术团体和其他组织之间，就危害、危害性、与危害性相关的因素和理解等进行广泛的信息和意见沟通后，联邦消费者保护和食品安全办公室（BVL）会向政府提交最有效地控制风险的措施建议，并及时向上述利害相关者发布风险评估结论，公众也可直接向研究所询问或通过研究所的网站查询评估结果，从而树立了公众对农产品质量安全管理的信心（苏春森，2008）。而中国目前还没有有效运行的农产品质量风险评估和预警信息披露的机制和平台，导致相关信息的使用效率下降，同时加深了消费者对农产品质量安全的各种猜忌，进一步损害了公众对农产品质量安全管理的信心。

第四节　中国农产品质量安全体系的优化策略

一、农产品生产与供给体系的优化策略

1. 多渠道进行农产品供给制度创新

一是要因地制宜适度提高农业规模化经营水平，解决土地流转的各种障碍因素，适度推进家庭农场的发展，鼓励和支持小农户采用“企业＋农户”“协会＋农户”“中介＋农户”等集中管理生产和销售的农业生产组织模式，提高农业生产的组织化程度。对生产组织按规模进行风险评级，建立有弹性的农产品可追溯体系。二是建立仓储收购与订单供给制度。建立专业的仓储机构，建立专业的农产品质量安全的鉴定机制，对于部分农产品进行收购，在确保质量的条件下，对农产品需求者进行订单式的供应。三是建立农产品的直供制度。建立城市小区、社区、大型企业事业及国有单位与农村村社的直接对接机制，鼓励城市小区、社区、大型企业事业及国有单位直接到农村建立相应的供应基地，减少中介环节，实行农产品的直供制度，建立消费者对农产品生产者的直接指导和监督机制。

2. 建立农药和化肥施用的源头控制制度

一是要建立大宗农作物农药和化肥施用的强制性技术规范，对施用时间、次数、数量作出强制性规定；二是要从全国层面、依据当年农作物播种面积、农产品预期产量合理确定全国农药和化肥的生产量和销售量，要引导绿色生产，逐步降低全国单位面积农药和化肥施用量；三是要对单位面积农药和化肥施用量高的地区加强农产品质量安全监督；四是要制定《农药法》，并成立专门的农药授权机构，推行农药授权使用制度；五是规范大型农场、大型农业生产基地的农药使用。大型农场、大型农业生产基地使用农药要聘请专业的农药服务公司执行作业；使用毒性较高农药时，必须事先通知基层农业主管部门并进行备案，在农药使用过程中，基层农业主管部门应当派专人到现场监督并指导农药

使用。

3. 利用宏观调控手段保障农产品的安全供给

提高中国农产品质量安全水平，需要从宏观的视角进行审视，要根据中国农村和农业发展的现实背景出发，在改革层面要建立农业发展和经济改革及各方面利益协调的、综合平衡的宏观防控机制：一是要综合平衡农业和其他产业之间农业劳动力的合理布局，开发“人口红利”要与农业发展的水平相适应；二是切实保障农业生产用地的投入，防止城镇化过程中大量占用良田沃土，要适当提高粮食生产的自给率；三是要进一步缩小城乡收入差距，要保障农业生产者收入水平的逐步提高，建立激励和约束相容的农业生产补贴制度，切实消除农产品的“隐形剪刀差”。

二、农产品质量标准与认证体系的优化策略

1. 要进一步加强认证机制建设，强化认证的权威性

要改进“三品一标”的管理，加强“三品一标”监督和抽查力度，使生产者规范使用标识，使农产品标志和标识真正能体现农产品的质量和品质；加强宣传，使更多的消费者了解“三品一标”的质量品质，增强消费者对“三品一标”产品的信心。要改变地理标志多头认证、重复认证的状况，工商总局、质检总局和农业部要建立分工协调机制，对于初级农产品的认证主要由农业部负责；对于农产品加工品，实行农业部和质检总局的联合认证，农业部主要负责原材料的安全，质检总局主要负责加工过程的安全。工商总局主要集中于商标管理。

2. 要加强标准的制订，并建立强制认证机制

要加强农产品质量标准的制订步伐，增加农产品质量安全标准的覆盖面；要加强农产品分级标准的制订，促进农产品的公平交易、提高农产品的交易效率。结合国内农业生产的实际情况，借鉴美国的良好农业操作规范（GAP），针对初级农产品的种植、采收、清洗、摆放、包装和运输过程制订相关操作标准。对农业生产组织进行分级，对于一定规

模的农场和专业农业生产大户、家庭农场需要通过认证才能生产相关产品。

3. 要建立比较完善的农药残留标准体系

要大幅度提高农药残留标准数量，对于所有的农产品和所有的农药品种都要制定相应的农药残留最高上限；要根据市场和消费者的需要，及时更新农药残留标准，剔除已禁止生产、销售和使用的农药标准，及时制订在市场上新出现的农药残留标准；要制定不得检出的农兽药目录，并实行“一律标准”；要建立与国际标准对接的农药残留标准体系。

三、农产品质量检测与监督体系的构建策略

1. 建立“全民”检测体系

一方面要按照设备高端化和技术先进化的要求加强官方农产品质量检测机构的建设，充实农产品质量检测机构人才队伍，保障经费投入，提高大宗作物质量检测水平和能力；要规范检测机构的行为，改变检测机构在内部管理制度上存在的不规范行为、出具检验检测报告的随意行为。另一方面要充分考虑到中国人口众多的实际和中国农业生产分散的特点，要大量开发老百姓在菜市场都能用得上的农产品质量快速检测技术和方法，要在超市、农贸市场配套简易的质量检测平台，要让老百姓都能成为“电子眼”，从而建立起“全民”的检测体系。

2. 建立“全程”监管制度

对于大型农场和商品粮基地，要对生产、收获、加工、包装、运输、贮藏和销售等环节实行全过程监控，避免任何重要环节的缺失可能对食品安全造成的冲击；对化肥、农药、饲料、包装材料、运输工具、食品标签等实行全方位的监管，预先防范可能对食品安全构成潜在危害的风险。建立有效的农产品追踪、检查以及快速反应机制和召回制度，要加强规制从生产、加工、储藏、销售等从田间到餐桌的各个环节生产经营行为的系统性立法。

3. 加强农产品质量监督队伍建设，建立起覆盖“全社会”的农产品质量监督网

一是要建立一支严格规范执法的农产品质量监督队伍，加大对农产品质量安全的惩处力度，注重惩处的规范性和持续性，从重惩罚违法行为，提高法律的震慑力。二是要避免基层农产品质量监督机构与乡镇农业技术服务站激励不相容问题，建议在乡镇政府下面成立专门的农产品质量监督机构。三是在农村区域建立一批兼职的安全监督员，建立起覆盖全社会的农产品质量监督网。

四、农产品质量风险评估与预警体系的构建策略

1. 完善农产品质量风险评估与预警平台

一是要尽快完善各地区、各行业的风险评估实验室的功能。要明确各地区、各行业的风险评估实验室的法定职责，建立有效的运行机制和工作机制；要协调好地方政府和农业部的投入机制，保障风险评估实验室的固定投入。二是要尽快完善国家层面的农产品质量风险评估与预警平台功能，真正发挥其统领协调作用，以提高风险评估和预警的权威性、有效性和及时性。三是要实施风险评估和预警的专项人才培育计划，要建立农产品质量安全风险评估和预警的专业、专职人才队伍。

2. 要建立先进的风险评估与预警技术体系

一是要针对不同年龄、不同类型的人群，重点开发适合中国具体情况的各类农产品、各类农药的蓄积性和累积性评估技术，开发农药对内分泌干扰的测量技术以及农产品质量安全控制的成本效益评估技术等。二是要建立起能够有效支撑农产品质量安全评估与预警技术的数据库，特别是要完善风险评估时应用的毒理学、流行学等数据。三是开发适合中国国情的农药安全评价模型、暴露评估模型、微生物生长和存活预测模型和重金属转化模型；四是要完善农产品质量风险评估与预警的指标体系，既要对微观指标进行完善，又要将反映中国农村改革与农业发展转型的相关宏观经济社会指标纳入评估与预警指标体系。

3. 建立有效的农产品质量安全风险的信息交流与信息披露机制

一是风险评估者、风险管理者、消费者、企业、学术团体和其他组织之间要建立农产品质量安全的信息交流机制，要就危害、危害性、与危害性相关的因素和理解等进行广泛的信息和意见沟通；二是风险评估与预警机构既要定期向政府提交风险报告，又要及时向利害相关者发布风险评估结论；三是赋予公众知情权，允许公众直接向风险评估与预警机构询问或通过其网站查询评估结果，从而树立公众对农产品质量安全管理的信心。

第七章　研究结论与政策建议

本研究从现实出发，在分析中国农产品质量安全基本形势的基础上，建立中国农产品质量安全的简易度量方法，刻画出中国各地区农产品质量安全的基本情况。在此基础上，立足中国农村改革与农业发展转型的现实背景，构建农村改革与农业发展转型背景下中国农产品质量安全影响因素的博弈理论模型，并对模型进行实证分析。然后基于对比视角，对中国农产品质量安全体系的建设现状和国外农产品质量安全保障体系建设的经验进行研究。最后，建立非对称信息博弈视角下中国农产品质量安全体系运行模型，揭示中国农产品质量安全体系运行的内在机制和存在问题，提出中国农产品质量安全体系的优化策略。本研究得出如下研究结论与政策建议。

第一节 研究结论

一、农药和化肥施用的增加趋势明显，中国农产品质量安全水平不容乐观，但地区差异较大

1997 年，中国平均每亩农田施用农药 0.49 公斤，2011 年达到每亩 0.82 公斤，年均增长 4%。2012 年，中国农药年产约 170 万吨，按 18 亿亩农田计算，平均每亩施用农药近 1 公斤。同时，大量使用化肥，1997 年，中国平均每亩农田施用化肥 16.47 公斤，2011 年达到每亩 24.17 公斤，年均增长 3%。目前中国农用化肥单位面积平均施用量是国际安全上

限的1.6倍，相当于美国的3倍。基于单位面积施用农药和化肥的因子分析发现，1997—2011年因子综合得分均值处于上升状态，单位面积施用农药和化肥的水平不断增加，1997年，综合得分为-0.36，2011年达到0.37。综合得分最大值在1997年为0.82，而在2011年，达到3.31，增长了3倍。从综合得分的标准差来看，表明各地区农产品安全状况差异在不断扩大，1997年标准差为0.55，2011年达到0.91，增加了65.45%。从1997—2011年综合得分的均值来看，福建、海南和广东的排名居前三位，其综合得分分别为1.39、1.38、1.01，说明这三个地区农产品安全总体形势最不容乐观；处于最后三位的是西藏、青海和贵州，综合得分分别为-0.95、-0.96、-0.99，说明这三个地区农产品安全总体形势较好。当前的经济增长模式对农产品安全影响较大。

二、从中国农村改革和农业发展转型的角度来看，影响农产品质量安全的主要因素有城乡收入差距扩大、农业劳动力减少、农业土地投入减少、农产品价格波动

1978年以来的农村改革和农业发展转型，没有从根本上解决农村和农业的协调可持续发展问题，甚至在一定程度上加重了农业用地的短缺、农村劳动力的流失、生态环境的恶化、城乡差距的扩大。从中国农村改革和农业发展转型的角度来看，加重农产品质量安全问题的主要因素有城乡收入差距扩大、农业劳动力减少、农业土地投入减少、农产品价格上涨。空间Durbin模型显示，农业从业人员的比例*NYCYRY*的回归系数为-0.6577，在5%的显著水平上通过检验，说明农业从业人员的比例越高，过度施用农药和化肥的可能越小，农产品质量安全水平越高，同时说明农业劳动力的过度流失对农产品质量安全是不利的。农产品价格指数*WJ*的回归系数为0.0230，在1%的显著水平上通过检验，说明农产品价格越高，农业生产者的趋利动机得到放大，过度施用农药和化肥的可能性越大，农产品质量安全水平越低。城乡收入差距*CXCJ*的回归系数为0.1754，在1%的显著水平上通过检验，说明城乡收入差

距越大，在农村的农业生产者的相对收入越低，则其“铤而走险”的可能性就越大，农产品质量安全水平越低。人均播种面积 *RJBZMJ* 的回归系数为 -0.1869，在1%的显著水平上通过检验，说明在农业生产中土地相对宽裕、投入量越多，过度施用农药和化肥的可能性越小，农产品质量安全水平越高。

三、各地区农产品质量安全具有明显的空间效应

研究发现反映西部地区空间影响的空间自回归系数 δ_1 为 0.3161，在1%的水平上通过显著性检验，说明西部地区各省市区之间农产品质量安全水平具有空间上的负外部性。而反映东部及中部地区的自回归系数 δ_2 为0.3185，在1%的水平上通过显著性检验，说明东部地区各省市区之间农产品质量安全水平同样具有空间上的负外部性。而且这种负外部性中东部地区略高于西部地区，说明经济发展水平越高，各省市区之间空间负外部性作用更强。呈现这一现象的可能原因是，各地区适用于农业生产的生态环境和地理环境的破坏具有邻近空间上的关联性和负外部性。例如，一个地区如果农药用量多，可能将农作物的病虫“驱赶”到相邻的地区，相邻地区也不得不施用更多的农药。同时，相邻地区的农业生产者在生产手段和方法更容易相关模仿，一个地区坏的榜样很容易被相邻地区“跟风”。农业从业人员数量、农产品价格、城乡收入差距、农村土地投入对相邻地区农产品质量安全均有一定程度的影响。

四、中国农产品质量安全体系建设正有序展开，取得了明显成绩

中国农产品生产和供给体系的建设方面，优化了农业生产的环境，加强农产品的产地管理，建立了农产品产地的质量安全控制体系；规范农业生产流程，加强农业生产技术与投入品管理，建立了农产品生产的质量安全管控体系；健全农产品标识制度，加强农产品包装和标识管

理，建立了农产品标识质量安全控制体系。在农产品质量标准和认证体系建设方面，建立了农产品质量标准和认证的制定机制，建立了多层次的农产品质量安全标准体系，以“三品一标”为推动，建立了农产品质量认证体系。在农产品质量检测与监督体系建设方面，建立了农产品质量安全监测制度，建立了农产品质量安全监测机构体系，建立了农产品质量安全的社会监督体系，建立了农产品质量安全监督与处置相结合的有效机制，建立了部、省、县相互配套的农产品质量安全检验检测体系。在农产品质量安全风险评估与预警体系建设方面，组建了农产品质量安全风险评估专家委员会，组建了以风险评估实验室为主体的多层级的农产品质量安全风险评估网络。中国农产品质量安全体系建设总体上起步晚，目前正在有序展开，建设进度较快。

五、中国农产品质量安全保障体系还存在不容忽视的问题

在中国农产品生产与供给体系方面，依然是小农生产格局为主，生产信息无法回溯或回溯成本太高；农业资源短缺，农业生产环境破坏严重，农产品不安全因素较多；农药和化肥的源头控制存在问题，目前我国尚未建立有效控制农药和化肥施用量的强制性源头防控机制。在农产品质量标准与认证体系方面，农产品认证的权威性不够，人们对其认可度不高，农产品标准体系不健全，对生产行业和消费者的指导性和引导性较差，农药残留标准数量不足，更新速度慢。在农产品质量检测与监督体系方面，检验检测体系设置不健全，运行效率低；监管机构设置不科学，尤其是基层监督机构设置存在激励不相容问题；管理制度存在缺陷，制度执行效率较低。在农产品质量安全评估与预警体系方面，农产品质量安全评估与预警平台功能不完善，农产品质量安全评估与预警技术比较落后，一些重要的风险评估技术没有实现突破，还没有建立起能够有效支撑农产品质量安全评估与预警技术的数据库，一些农产品风险评估工具模型大多从国外借来，缺少适用性；农产品质量风险评估和预警信息披露不健全，目前还没有有效运行的农产品质量风险评估和预警

信息披露的机制和平台。

六、改善农产品质量安全信息的对称性是保障中国农产品质量安全体系有效运行的重要途径

本研究通过建立非对称信息下的博弈理论模型，揭示了中国农产品质量安全体系有效运行的内在机制。由于信息的不对称，生产者对于质量安全的努力水平严格小于对称信息下的水平。当前消费者对生产者的质量安全努力完全不可知，农产品质量安全必然有所下降。提高农产品质量安全的关键之举在于如何让消费者更多地知晓和判断农产品质量。由于信息不对称，消费者会产生额外的风险成本，即净福利损失，同时还会产生期望产出的净损失。虽然消费者对生产者的质量安全努力不直接可知，但如果可以观测到与农产品质量安全相关联的其他信息，这些信息可以作为农产品质量安全的外显信号即“信号因子”。在有“信号因子”的情况下，生产者对于质量安全的努力水平会更高。因此，“信号因子”的引入，可以提高农产品质量安全水平。通过建立有效的农产品质量标准与认证体系，具有无公害农产品、绿色食品和有机食品标志的农产品或具有地理标志的农产品，本身会发出质量安全的相关“信号”，因此会提高农产品质量安全的作用。农产品质量检测与监督体系的有效运行，将相关的质量检验结果和监督信息公诸于众，农产品质量风险评估与预警体系的有效运行为消费者提供质量风险评估与预警信息，都会起到引入“信号因子”的作用。

七、即使消费者对农产品质量安全的信息是完全对称的，农产品质量安全依然有改进的空间，生产者在质量安全上的努力与生产规模成正比，与成本系数成反比

当农产品质量信息是完全对称的情况，消费者支付给生产的报酬等于保留收入和基于质量安全的努力成本，实现了“一份付出得到一份收获”。但农产品质量安全依然有改进的空间。一方面，在质量安全信

息是对称的情况下，生产者在质量安全上的努力与生产规模成正比，小规模生产者在质量安全上的努力不如大规模生产者。对于大规模生产者而言，注重质量安全获得的收益更高，或者说不重视质量安全损失更大，因此，大规模生产者具有更加重视质量安全的动机。另一方面，生产者的质量安全努力与农产品质量安全成本系数成反比。生产者控制质量安全的成本越低，其控制质量安全的动机越强。控制质量安全的成本受多方面的影响。一是外部环境因素，如土壤质量下降、环境恶化、前期的农药和化肥的过度施用，都会增加生产者控制质量安全的成本。二是生产者自身的能力水平。如优质的农村劳动力外流至城市，农村劳动力素质下降，必然会影响农业生产者的控制质量安全的成本。三是生产者质量控制的技术水平。因此，从以上几个方面进行农产品生产与供给体系的优化，对提高农产品质量水平具有重要意义。

第二节　政策建议

一、农产品生产与供给体系建设方面

1. 多渠道进行农产品供给制度创新

一是要因地制宜适度提高农业规模化经营水平，解决土地流转的各种障碍因素，适度推进家庭农场的发展，鼓励和支持小农户采用“企业+农户”“协会+农户”“中介+农户”等集中管理生产和销售的农业生产组织模式，提高农业生产的组织化程度。对生产组织按规模进行风险评级，建立有弹性的农产品可追溯体系。二是建立仓储收购与订单供给制度。建立专业的仓储机构，建立专业的农产品质量安全的鉴定机制，对于部分农产品进行收购，在确保质量的条件下，对农产品需求者进行订单式的供应。三是建立农产品的直供制度。建立城市小区、社区、大型企业事业及国有单位与农村村社的直接对接机制，鼓励城市小区、社区、大型企业事业及国有单位直接到农村建立相应的供应基地，减少中介环节，实行农产品的直供制度，建立消费者对农产品生产者的

直接指导和监督机制。

2. 建立农药和化肥施用的源头控制制度

一是要建立大宗农作物农药和化肥施用的强制性技术规范，对施用时间、次数、数量作出强制性规定；二是要从全国层面、依据当年农作物播种面积、农产品预期产量合理确定全国农药和化肥的生产量和销售量，要引导绿色生产，逐步降低全国单位面积农药和化肥施用量；三是要对单位面积农药和化肥施用量高的地区加强农产品质量安全监督；四是要制定《农药法》，并成立专门的农药授权机构，推行农药授权使用制度；五是规范大型农场、大型农业生产基地的农药使用。大型农场、大型农业生产基地使用农药要聘请专业的农药服务公司执行作业；使用毒性较高农药时，必须事先通知基层农业主管部门并进行备案，在农药使用过程中，基层农业主管部门应当派专人到现场监督并指导农药使用。

3. 利用宏观调控手段保障农产品的安全供给

提高中国农产品质量安全水平，需要从宏观的视角进行审视，要根据中国农村和农业发展的现实背景出发，在改革层面要建立农业发展和经济改革及各方面利益协调的、综合平衡的宏观防控机制：一是要综合平衡农业和其他产业之间农业劳动力的合理布局，开发“人口红利”要与农业发展的水平相适应；二是切实保障农业生产用地的投入，防止城镇化过程中大量占用良田沃土，要适当提高粮食生产的自给率；三是要进一步缩小城乡收入差距，要保障农业生产者收入水平的逐步提高，建立激励和约束相容的农业生产补贴制度，切实消除农产品的“隐形剪刀差”。

二、农产品质量标准与认证体系方面

1. 要进一步加强认证机制建设，强化认证的权威性

要改进“三品一标”的管理，加强“三品一标”监督和抽查力度，使生产者规范使用标识，使农产品标志和标识真正能体现农产品的质量和品质；加强宣传，使更多的消费者了解“三品一标”的质量品质，增强消费者对“三品一标”产品的信心。要改变地理标志多头认证、重复认证的状况，工商总局、质检总局和农业部要建立分工协调机制，对于初级农产品的认证主要由农业部负责；对于农产品加工品，实行农业部和质检总局的联合认证，农业部主要负责原材料的安全，质检总局主要负责加工过程的安全。工商总局主要集中于商标管理。

2. 要加强标准的制订，并建立强制认证机制

要加快农产品质量标准的制订步伐，增加农产品质量安全标准的覆盖面；要加强农产品分级标准的制订，促进农产品的公平交易、提高农产品的交易效率。结合国内农业生产的实际情况，借鉴美国的良好农业操作规范（GAP），针对初级农产品的种植、采收、清洗、摆放、包装和运输过程制订相关操作标准。对农业生产组织进行分级，对于一定规模的农场和专业农业生产大户、家庭农场需要通过认证才能生产相关产品。

3. 要建立比较完善的农药残留标准体系

要大幅度提高农药残留标准数量，对于所有的农产品和所有的农药品种都要制定相应的农药残留最高上限；要根据市场和消费者的需要，及时更新农药残留标准，剔除已禁止生产、销售和使用的农药标准，及时制订在市场上新出现的农药残留标准；要制定不得检出的农兽药目录，并实行“一律标准”；要建立与国际标准对接的农药残留标准体系。

三、农产品质量检测与监督体系方面

1. 建立“全民”检测体系

一方面要按照设备高端化和技术先进化的要求加强官方农产品质量检测机构的建设，充实农产品质量检测机构人才队伍，保障经费投入，提高大宗作物质量检测水平和能力；要规范检测机构的行为，改变检测机构在内部管理制度上存在的不规范行为、出具检验检测报告的随意行为。另一方面要充分考虑到中国人口众多的实际和中国农业生产分散的特点，要大量开发老百姓在菜市场都能用得上的农产品质量快速检测技术和方法，要在超市、农贸市场配套简易的质量检测平台，要让老百姓都能成为“电子眼”，从而建立起“全民”的检测体系。

2. 建立“全程”监管制度

对于大型农场和商品粮基地，要对生产、收获、加工、包装、运输、贮藏和销售等环节实行全过程监控，避免任何重要环节的缺失可能对食品安全造成的冲击；对化肥、农药、饲料、包装材料、运输工具、食品标签等实行全方位的监管，预先防范可能对食品安全构成潜在危害的风险。建立有效的农产品追踪、检查以及快速反应机制和召回制度，要加强规制从生产、加工、储藏、销售等从田间到餐桌的各个环节生产经营行为的系统性立法。

3. 加强农产品质量监督队伍建设，建立起覆盖“全社会”的农产品质量监督网

一是要建立一支严格规范执法的农产品质量监督队伍，加大对农产品质量安全违法违规行为的惩处力度，注重惩处的规范性和持续性，从重惩罚违法行为，提高法律的震慑力。二是要避免基层农产品质量监督机构与乡镇农业技术服务站激励不相容问题，建议在乡镇政府下面成立专门的农产品质量监督机构。三是在农村区域建立一批兼职的安全监督员，建立起覆盖全社会的农产品质量监督网。

四、农产品质量风险评估与预警体系方面

1. 完善农产品质量风险评估与预警平台

一是要尽快完善各地区、各行业的风险评估实验室的功能。要明确各地区、各行业的风险评估实验室的法定职责，建立有效的运行机制和工作机制；要协调好地方政府和农业部的投入机制，保障风险评估实验室的固定投入。二是要尽快完善国家层面的农产品质量风险评估与预警平台功能，真正发挥其统领协调作用，以提高风险评估和预警的权威性、有效性和及时性。三是要实施风险评估和预警的专项人才培育计划，要建立农产品质量安全风险评估和预警的专业、专职人才队伍。

2. 要建立先进的风险评估与预警技术体系

一是要针对不同年龄、不同类型的人群，重点开发适合中国具体情

况的各类农产品、各类农药的蓄积性和累积性评估技术，开发农药对内分泌干扰的测量技术以及农产品质量安全控制的成本效益评估技术等。二是要建立起能够有效支撑农产品质量安全评估与预警技术的数据库，特别是要完善风险评估时应用的毒理学、流行学等数据。三是开发适合中国国情的农药安全评价模型、暴露评估模型、微生物生长和存活预测模型以及重金属转化模型；四是要完善农产品质量风险评估与预警的指标体系，既要对微观指标进行完善，又要将反映中国农村改革与农业发展转型的相关宏观经济社会指标纳入评估与预警指标体系。

3. 建立有效的农产品质量安全风险的信息交流与信息披露机制

一是风险评估者、风险管理者、消费者、企业、学术团体和其他组织之间要建立农产品质量安全的信息交流机制，要就危害、危害性、与危害性相关的因素和理解等进行广泛的信息和意见沟通；二是风险评估与预警机构既要定期向政府提交风险报告，又要及时向利害相关者发布风险评估结论；三是赋予公众知情权，允许公众直接向风险评估与预警机构询问或通过其网站查询评估结果，从而树立公众对农产品质量安全管理的信心。

参 考 文 献

[1] Anne Wilcock, Maria Pun, Joseph Khanona, and May Aung, "Consumer attitudes, knowledge and behaviour: a review of food safety", Trends in Food Science & Technology, 2004, 15 (2): 56 - 66.

[2] D. A. Hennessy, J. Roosen, and J. A. Miranowski, 2001, "Leadership and the Provision of Safe Food", Amercian Journal of Agriculture Economics, 83 (4): 862 - 874.

[3] E. Holleran, M. E. Bredahl, "L. Zaibet. Private incentives for a adopting food safety and quality assurance", Food Policy, 1999, 24: 20 - 25.

[4] FAO/ WHO, "Application of risk analysis to food standards issues, report of the joint FAO/ WHO expert consultation", Geneva: FAO/ WHO, 1995, 24 - 30.

[5] Gijs A. Kleter, Hans J. P. Marvin, "Indicators of emerging hazards and risks to food safety", Food and Chemical Toxicology, 2009, 49: 1022 - 1039.

[6] Grossman, S. J, "The information role of warranties and private disclosure about product quality", Journal of Law and Economics, 1981, 24: 461 - 483.

[7] J. Unnevehr, H. H. Jensen, "HACCP as a regulatory innovation to improve food safety in the meat industry", American Journal of Agricultural Economics, 1996, 78 (3): 764 - 769.

[8] Jacques Trienekens, Peter Zuurbier, "Quality and safety standards in the food industry, developments and challenges", International Journal of Production Economics, 2008, 5: 107 - 122.

[9] Jiehong Zhou, Jensen H. Helen, Jing Liang, "Implementation of food safety and quality standards: A case study of vegetable processing industry in Zhejiang, China", The Social Science Journal, 2011, 48: 543 - 552.

[10] John M. Antle, "Choice and Efficiency in Food Safety Policy", AEI Press, 1995, 66 - 89.

[11] Julie A. Caswell, and Daniel I. Padberg, "Toward a More Comprehensive Theory of Food Labels", American Journal Agricultural Economics, 1992, 74 (2): 460 - 468.

[12] Julie A. Caswell, Mary E. Bredahl, Neal H. Hooker, "How Quality Management metasystems are affecting the Food Industry Applied Economics", Perspective and Policy, 1998, 20 (2): 547 - 557.

[13] Keun Taik Lee, "Quality and safety aspects of meat products as affected by various physical manipulations of packaging materials", Meat Science, 1998, 86: 138 - 150.

[14] L Jacxsens, M Uyttendaele, F Devlieghere, J Rovira, S Oses Gomez, P A Luning, "Food safety performance indicators to benchmark food safety output of food safety management systems", International Journal of Food Microbiology, 2010, 141: 180 - 187.

[15] L. J. Unnevehr, H. H. Jensen, "HACCP as a regulatory innovation to improve food safety in the meat industry", American Journal of Agricultural Economics, 1996, 78 (3): 764 - 769.

[16] Meizhang and xiangyuGuo, "Study on Functions of the Agriculture Cooperative in Food Safety", Agriculture and Agricultural Science Procedia, 2010, 1: 477 - 482.

[17] Nelson, "Information and consumer behaviour", Journal of of Political Economy, 1970, 81.

[18] NRC, "Risk Assessment in the Federal Government: Managing the Process", Washingt on DC: National Academy Press, 1983, 1 - 64.

[19] P. Karipidisa, K. Athanassiadisb, S. Aggelopoulosa, and E. Giompliakis, "Factors affecting the adoption of quality assurance systems in small food enterprises", Food Control, 2009, 2: 93 - 98.

[20] Petersen B J, Barraj L M, Muenz L R, et al, "Analternative approach to dietary exposure assessment", Risk Analysis, 1994, 14: 913 - 916.

[21] Pieternel A. Luning, Willem J. Marcelis, "A food quality management research methodology integrating technological and managerial theories trends", Food Science & Technology, 2009, 1: 35 - 44.

[22] S. Mortimore, C. Wallace, "HACCP: A Practical Approach Aspen Publishers", Gaithersburg, MA. 1998.

[23] S. R. Crutchfield, J. C. Buzby, T. Roberts, M. Ollinger, C. - T. J. Lin, "An Economic Assessment of Food Safety Regulations: The New Approach to Meat and Poultry Inspection Economic Research Service", US Department of Agriculture, Washington, DC. 1997.

[24] Shaosheng Jin, Jiehong Zhou, "Adoption of food safety and quality standards by China's agricultural cooperatives", Food Control, 2011, 22: 20-208.

[25] T. Roberts, J. C. Buzby, M. Ollinger, "Using benefit and cost information to evaluate a food safety regulation: HACCP for meat and poultry", American Journal of Agricultural Economics, 1996, 78 (5): 1297-1301.

[26] Tim A. Hogg, José A. Couto, Paula Teixeira, and F. Xavier Malcata, "Building on scientific excellence via sharing of scientific expertise - The case study of food safety", Trends in Food Science & Technology, 2008, 19: 9-13.

[27] USEPA, "Proposed guidelines for carcinogen risk assessment", Federal Register, 2000, 79: 17960-18011.

[28] Xiong Ying, Luo Min, "Research on Farmers' Production Willingness of Safe Agricultural Products and Its Influence Factors:: An Empirical Analysis in China", Energy Procedia, 2011, 5: 53-58.

[29] 安凡所. 非对称信息下农产品的“质量安全”问题与治理模式选择 [J]. 南方经济, 2006 (6): 46-48.

[30] 北京市人大常委会执法检查组. 关于检查《中华人民共和国农产品质量安全法》实施情况的报告 [R]. 2009.

[31] 布林德著, 高鹤等译. 标准经济学: 理论、证据与政策 [M]. 中国标准出版社, 2006.

[32] 曹国利. 信息不对称: 政府规制的经济理由 [J]. 财经研究, 1998 (6): 15-19.

[33] 陈晨. 农产品质量安全风险评估的发展现状及对策研究 [J]. 农产品质量与安全, 2012 (1): 63-65.

[34] 陈华宁. 欧盟、日本农产品质量安全立法及启示 [J]. 世界农业, 2007 (9): 12-13.

[35] 陈汇才. 基于信息不对称视角的农产品质量安全探析 [J]. 生态经济, 2011 (11): 130-133.

[36] 陈建勋, 武治印. 我国食品安全规制的制度性缺陷及其治理——基于新制度经济学的理论解析与政策建议 [J]. 商业经济, 2012 (3): 3-5.

[37] 陈俊科, 庞琢. 国外蔬菜农药残留污染现状及质量安全管理工作进展 [J]. 内蒙古农业大学学报, 2007 (28).

[38] 陈松, 翟琳. 欧盟食品风险评估制度的构成及特点分析 [J]. 农业质量标准, 2008 (5): 54-56.

[39] 陈松, 叶志华, 王敏. 欧盟食品质量安全体系建设的特点及对我国的启示 [J].

食品研究与开发，2007（10）：188.

[40] 成昕. 国内外农产品质量安全管理体系发展概述［J］. 世界农业，2006（7）：38.

[41] 丁文雅. 农产品质量与产地环境的关系研究［J］. 科技信息，2008（10）.

[42] 董秀金. 区域农业环境与蔬菜质量安全风险评价——以浙江省为例［D］. 浙江，浙江大学，2011.

[43] 杜青林：四大举措全面提升我国农产品质量安全［J］. 江苏农村经济，2006（6）：18.

[44] 樊红平，牟少飞，叶志华. 美国农产品质量安全认证体系及对中国的启示［J］. 世界农业，2007（9）：41.

[45] 方佳，李玉萍. 发达国家农产品质量安全体系状况及其对我国的启示［J］. 世界热带农业信息，2008（1）：1－5.

[46] 冯忠泽，陈思，张梦飞. 发达国家农产品质量安全市场准入的主要措施及启示［J］. 世界农业，2007（12）：1－5.

[47] 冯忠泽，陈思等. 发达国家农产品质量安全市场准入的主要措施［J］. 新农村，2008（5）：27－28.

[48] 甘庭宇. 从生产链看农产品质量安全［J］. 农村经济，2005（7）：41.

[49] 国家标准化管理委员会. 农业标准化［M］. 北京：中国计量出版社，2006.

[50] 胡定金，王伟. 我国农产品质量安全存在的问题与对策［J］. 湖北农村科技，2006（6）：526.

[51] 胡兰英. 我国农产品质量安全体系建设构想［J］. 农村经济，2004（9）：8.

[52] 黄晓娟，刘北林. 食品安全风险预警指标体系设计研究［J］. 哈尔滨商业大学学报（自然科学版），2008（10）：621－623.

[53] 霍红. 农产品质量安全宏观环境综述［J］. 哈尔滨商业大学学报（社会科学版），2011（5）：101－104.

[54] 江西省人大常委会执法检查组. 关于检查《中华人民共和国农产品质量安全法》实施情况的报告［R］. 2009.

[55] 姜丽娜，王强等. 蔬菜产地土壤重金属含量空间分布研究［J］. 水土保持学报，2008（4）：174－178.

[56] 金发忠. 关于农产品质量安全风险分析共性问题研究［J］. 农业质量标准，2006（1）：7－10.

[57] 金发忠. 农产品质量安全概论［M］. 中国农业出版社，2007.

[58] 金发忠. 农产品质量安全法制管理与品牌问题研究［J］. 农业质量标准，2008

(5).
[59] 黎诣远. 微观经济学 [M]. 高等教育出版社, 2007 (9): 298.
[60] 李功奎, 应瑞瑶. "柠檬市场"与制度安排——一个关于农产品质量安全保障的分析框架 [J]. 农村技术经济, 2004 (3): 15-20.
[61] 李江华. 建立健全农产品质量安全标准体系 [J]. 食品科学, 2008 (8).
[62] 李生, 李迎宾. 国外农产品质量安全管理制度 [J]. 中国质量技术监督, 2005 (8): 54-55.
[63] 李生, 李迎宾. 国外农产品质量安全管理制度概况 [J]. 世界农业, 2003 (6): 34.
[64] 李响, 傅新红, 吴秀敏. 安全农产品供给意愿的影响因素分析——以四川省资中市和蓬溪县134户生猪养殖户为例的实证分析 [J]. 农村经济, 2007 (8): 18-21.
[65] 李勇, 任国元, 杨万江. 安全农产品市场信息不对称及政府干预 [J]. 农业经济问题, 2004 (3): 62-64.
[66] 李耘, 陈晨. 美国《食品质量保护法》推动风险评估技术走向透析及启示 [J]. 农业质量标准, 2008 (1): 48-51.
[67] 刘宁. 我国食品安全社会规制的经济学分析 [J]. 工业技术经济, 2006 (25): 132-134.
[68] 刘文君. 发达国家的农产品质量安全管理 [J]. 中国牧业通讯, 2006 (19): 69-71.
[69] 刘向荣. 信息不对称理论及意义——对2001年度诺贝尔经济学奖的评介 [J]. 新疆社科论坛, 2002 (1): 48.
[70] 陆学艺. 农村第一步改革的回顾与思考 [N]. 农民日报, 2008-12-18 (5).
[71] 马云泽. 当前中国农村环境污染问题的根源及对策——基于规制经济学的研究视角 [J]. 广西民族大学学报 (哲学社会科学版), 2010 (1): 18-21.
[72] 玛丽恩·内斯特尔. 食品安全 [M]. 社会科学文献出版社, 2004.
[73] 农业部农产品质量安全管理考察团. 日本农产品质量安全管理现状及启示 [J]. 世界农业, 2004 (10): 18.
[74] 钱永忠. 国外农产品质量安全管理体系现状 [J]. 农业质量标准, 2003 (1): 42-46.
[75] 2007年山东省人大农业与农村委员会. 关于检查《中华人民共和国农产品质量安全法》实施情况的报告 [R].
[76] 食品质量安全保障体系研究课题组. 国外食品安全保障体系及对我国启示 [J].

中国党政干部论坛，2011（7）：26－29.
[77] 宋卫国，赵志辉．农产品安全风险评估方法及应用探讨［J］．中国农业通报，2008（2）：101 －105.
[78] 宋怿．食品风险分析理论与实践［M］．北京：中国标准出版社，2005：24－24.
[79] 苏春森．德国农产品质量安全全程控制技术［J］．农业质量标准，2008（4）：48－52.
[80] 苏昕，吴隆杰．我国农产品质量安全管理的制度缺陷与治理［J］．宏观经济研究，2007（10）：41.
[81] 唐晓纯，许建军，瞿晗屹等．欧盟 RASFF 系统食品风险预警的数据分析研究［J］．食品科学，2012（5）：285－292.
[82] 涂传清，王爱虎．我国农产品质量安全追溯洗建设中存在的问题与对策［J］．农机化研究，2011（3）：19.
[83] 妥艳贞．不对称信息经济学理论观点述评［J］．兰州学刊，2004（5）：88.
[84] 汪禄祥，黎其万．风险分析在农产品质量安全管理中的应用［J］．中国农学通报，2006（9）：85－87.
[85] 汪普庆，周德翼，吕志轩．农产品供应链的组织模式与食品安全［J］．农业经济问题，2009（3）：8－12.
[86] 王芳，王敏．国外农产品质量安全监测体系及对中国的启示［J］．中国农业科技导报，2008，10（5）：31－34.
[87] 王芳．农产品质量安全监管效能评价及发展对策研究［J］．农产品质量与安全，2011（5）：23－27.
[88] 王华书，徐翔．微观行为与农产品安全——对农户生产与居民消费的分析［J］．南京农业大学学报，2004（1）：24－27.
[89] 王可山，李秉龙．中国农产品质量安全管理体系现状、问题与建议［J］．调研世界，2007（6）：9.
[90] 王平．荷兰农产品质量安全管理体系及启示［J］．世界农业，2004（6）：36－38.
[91] 王素霞．农产品质量安全长效机制问题研究［J］．农业经济问题，2007（S1）：34.
[92] 王婷婷．中国农产品质量安全体系建设的对策研究［J］．当代经济，2011（8）：41.
[93] 王秀清，孙云峰．我国食品市场上的质量信号问题［J］．中国农村经济，2002

(5)：27-31.
[94] 王玉环，徐恩波．论政府在农产品质量安全供给中的职能［J］．农业经济问题，2005（3）：27-31.
[95] 王志刚，于法稳，贾丹，祝倩宜．农产品质量安全检测运行机制：来自韩国批发市场的启示［J］．生态经济，2005（3）：53-56.
[96] 卫龙宝，王恒彦．安全果蔬生产者的生产行为分析——对浙江省嘉兴市无公害生产基地的实证研究［J］．农业技术经济，2005（6）：67-69.
[97] 仵志忠．信息不对称理论及其经济学意义［J］．经济学动态，1997（1）：66.
[98] 辛琳．信息不对称理论研究［J］．嘉兴学院学报，2001（3）：36-40.
[99] 邢文英．美国的农产品质量安全可追溯制度［J］．世界农业，2006（4）：39.
[100] 徐金海．农产品市场中的“柠檬问题”及解决思路［J］．当代经济研究，2002（8）：42-45.
[101] 徐娟娣，刘东红，舒杰，曾楚峰．果蔬农产品的质量安全及风险控制浅析［J］．中国食物与营养，2011（10）：11-15.
[102] 徐晓新．中国食品安全：问题、成因、对策［J］．农业经济问题，2002（10）：45-48.
[102] 徐娟娣，刘东红，舒杰，曾楚峰．中国食品安全：问题、成因、对策［J］．农业经济问题，2002（10）：45-48.
[103] 杨芳．英国农产品质量安全监管的启示与建议［J］．福建农业科技，2008（3）：80.
[104] 杨辉．国外农产品质量安全法律体系对我国启示［J］．中国畜牧杂志，2006（22）：32-34.
[105] 杨丽娟．信息不对称理论研究［J］．北方经贸，2009（5）：25.
[106] 杨天和．中国农产品质量安全保障体系中的技术创新［J］．南京农业大学学报，2005（3）：105.
[107] 杨晓明．基于博弈论视角的农产品质量安全分析［J］．经济体制改革，2009（3）：83-85.
[108] 杨艳涛．加工农产品质量安全影响因素分析［J］．中国食物与营养，2008（5）：7-10.
[109] 尹佳梅．我国食品安全社会规制改革研究［D］．湖南：湖南师范大学硕士论文，2012.
[110] 于冷．农业标准化与农产品质量分等分级［J］．中国农村经济，2004（7）.
[111] 科学发展观丛书课题组，东中西部区域发展和改革研究院．中国农村改革历程的

回顾与前瞻［Z］. 人民网 http：//theory. people. com. cn/GB/10301687. html，2009.

［112］虞森，郭利丰. 浅谈农产品质量安全［J］. 农药科学与管理，2011（10）：17 – 19.

［113］云南省人大常委会执法检查组. 2009 关于检查《中华人民共和国农产品质量安全法》实施情况的报告［R］.

［114］孙运达，刘振田. 农产品质量安全全程监测防控的实践与思考［J］. 农业质量标准，2008（3）：27.

［115］张波. 全面构建农产品质量安全保障体系研究——以河北为例［J］. 生态经济，2010（3）：98.

［116］张冬玲，高齐圣. 基于多分类离散选择模型的农产品安全风险评估研究［J］. 农业系统科学与综合研究，2009（2）：5 – 9.

［117］张庆文. 小农户生产与我国农产品质量安全［J］. 农村经济，2004（12）：10 – 11.

［118］张晓凤，赵建欣，朱璐华，韩彩欣. 农户安全农产品供给的影响因素分析［J］. 安徽农业科学，2010（14）：7591 – 7594.

［119］张星联，张慧媛，唐晓纯，国内外农产品质量安全预警系统现状研究［J］. 农产品质量与安全，2012（3）：19 – 21.

［120］张耀钢，李功奎. 农户生产行为对农产品质量安全的影响分析［J］. 生产力研究，2004（6）：35 – 38.

［121］张志恒，吴长兴，吴声敢. 对《农产品质量安全法》实施中的几个问题的思考［J］. 农业质量标准，2008（2）：51.

［122］赵建欣，张忠根. 基于计划行为理论的农户安全农产品供给机理探析［J］. 财贸研究，2007（6）：44 – 45.

［123］赵建欣，张忠根. 农户安全农产品生产决策影响因素分析［J］. 统计研究，2007（11）：11.

［124］赵志辉. 浅议我国农产品质量安全监测机构建设［J］. 上海农业学报，2009（4）：13.

［125］郑冬梅. 完善农产品质量安全保障体系的分析［J］. 农业经济问题，2006（11）：20.

［126］郑风田，赵阳. 我国农产品质量安全问题与对策［J］. 中国软科学，2003（2）：20.

［127］郑立平，吴昌华，王晓萍，陈萍，张春. 提高我国农产品质量安全对策研究——以江西省为例［J］. 广西农业科技，2010（8）：239.

[128] 钟沈军. 日本食品安全保障 [J]. 农产品市场周刊, 2007 (5): 38-39.

[129] 周欢, 黄立平, 詹锦川, 朱铁峰. 基于供应链管理的农产品安全监控信息平台 [J]. 安徽农业科学, 2005 (6): 1067-1068.

[130] 周建民, 刘娟娟等. 发达国家食品质量风险评估现状及对我国的启示 [J]. 中国农机化, 2011 (1): 95 -98.

[131] 周洁红, 姜励卿. 影响生鲜蔬菜消费者选择政府食品安全管制方式的因素分析——基于浙江省消费者的实证研究 [J]. 浙江统计, 2004 (11): 17.

[132] 周洁红. 农户蔬菜质量安全控制行为及其影响——基于浙江省 396 户菜农的实证分析 [J]. 中国农村经济, 2006 (11): 33.

[133] 周荣荣. 美国农产品质量安全控制管理体系的考察与思考 [J]. 农业技术经济, 2003 (4): 61.

[134] 周绪宝, 王文雅, 欧阳喜辉. 韩国农产品追溯制度的现状及其启示 [J]. 世界农业, 2008 (4): 61.

[135] 周应恒, 张蕾. 溯源系统在全球食品安全管理中的运用 [J]. 农业质量标准, 2008 (1): 39-43.

[136] Nhuong Tran, 2013. Governance of Global Value Chains in Response to Food Safety and Certification Standards: The Case of Shrimp from Vietnam. World Development, 45: 325-336.

[137] Klementina Kirezieva, Liesbeth Jacxsens, Mieke Uyttendaele, Martinus A. J. S. Van Boekel, Pieternel A. Luning, Assessment of food safety management systems in the global fresh produce chain. Food Research International, 2013, 52 (1): 230-242.

[138] 李祥洲, 戚亚梅, 郭林宇, 廉亚丽, 李艳. 农产品质量安全网络舆情信息源研究 [J]. 农产品质量与安全, 2013 (3): 15-19.

[139] 钟真, 孔祥智. 农产品质量安全问题产生原因与治理措施 [J]. 中南民族大学学报 (人文社会科学版), 2013 (2): 125-129.

图书在版编目（CIP）数据

中国农产品质量安全保障体系研究：基于中国农村改革与农业发展转型的现实背景 / 付陈梅，李敬著. -- 北京：经济日报出版社，2016.6

ISBN 978-7-80257-967-5

Ⅰ. ①中… Ⅱ. ①付… ②李… Ⅲ. ①农产品-质量管理-安全管理-研究-中国 Ⅳ. ①F326.5

中国版本图书馆 CIP 数据核字（2016）第 137751 号

中国农产品质量安全保障体系研究——基于中国农村改革与农业发展转型的现实背景

作　者	付陈梅　李　敬
责任编辑	陈礼滟
责任校对	李艳春
出版发行	经济日报出版社
地　址	北京市西城区白纸坊东街 2 号（邮政编码：100054）
电　话	010-63567683（编辑部）
	010-63588446　63567692（发行部）
网　址	www.edpbook.com.cn
E-mail	jjrb58@sina.com
经　销	全国新华书店
印　刷	北京九州迅驰传媒文化有限公司
开　本	710×1000 mm　1/16
印　张	9.5
字　数	200 千字
版　次	2016 年 6 月第一版
印　次	2016 年 6 月第一次印刷
书　号	ISBN 978-7-80257-967-5
定　价	42.00 元